PÉRDIDA DE CONTROL EN VUELO

Conforti, Facundo Jorge
   Perdida de control en vuelo / Facundo Jorge Conforti ; editado por Augusto Javier De Santis. - 1a ed . - Mar del Plata : Facundo Jorge Conforti, 2020.
   200 p. ; 21 x 14 cm. - (How does it work? ; 21)

ISBN: 9781650972121

   1. Aviación. 2. Aviación Civil. 3. Aeronáutica. I. De Santis, Augusto Javier, ed. II. Título.
   CDD 629.1330289

Fecha de Catalogación: 02/10/2018

Aviación en Simples Pasos

ISBN: 9781650972121

Facundo Conforti, 2022.

Queda hecho el deposito que establece la Ley 11.723.
Libro de edición argentina.
No se permite la reproducción total o parcial, el almacenamiento,
el alquiler, la transmisión o la transformación de este libro,
en cualquier formato o por cualquier medio, sea electrónico
o mecánico, mediante fotocopias, digitalización u otros métodos,
sin el permiso previo y escrito del editor. Su infracción está
penada por las Leyes 11.723 y 25.446.

PRÓLOGO

La naturaleza de todos los aviones es mantearse estables en vuelo. El equilibrio de fuerzas que el vuelo produce, nos aporta un factor de seguridad que debe vigilarse y mantenerse. Es por ello que, es tarea de la tripulación mantener y vigilar la estabilidad, apoyada en todos los beneficios tecnológicos y aerodinámicos.

También es sabido que, la pérdida de control en vuelo es una de las causas de accidentes de aviación con mayor índice de fatalidad. Veremos a lo largo del presente libro que, si bien no es el causal de mayor frecuencia, si es uno de los más críticos en cuanto a sus consecuencias. Esta tendencia se ha evaluado a nivel mundial, por lo que las distintas autoridades aeronáuticas, fabricantes y entidades han contribuido en programas de formación y entrenamiento en recuperación de pérdida de sustentación y maniobras anormales.

La colección HDIW siempre está del lado de la formación, la problemática de las tripulaciones y la seguridad; es por ello que, en este nuevo libro, nos hemos centrado únicamente en el análisis de las variables de la pérdida de control. Creemos firmemente que una formación profesional y un adiestramiento recurrente son las defensas fundamentales en la seguridad de las operaciones.

En este nuevo libro encontrarán un análisis de las condiciones de mecánica de vuelo y aerodinámica, ejemplificados con ejercicios prácticos y análisis de accidentes reales donde se produjeran deficiencias en mantener el control de la aeronave en vuelo.

Recomendamos la lectura y uso de este libro, junto con el resto de los contenidos de la colección HDIW para un mejor aprovechamiento del material. Siempre estamos pensando en la profesionalización de la actividad de vuelo, con un fuerte arraigo en los principios de seguridad operacional. Seguimos aportando herramientas para apoyar la formación y la proliferación de una real cultura de la seguridad.

Facundo Conforti   *Augusto De Santis*

ÍNDICE

Capítulo 1 - Introducción a la pérdida de control en vuelo

1.1	Concepto de pérdida de control	09
1.2	Estabilidad y mecánica de vuelo	13
1.2.1	Pérdida de sustentación	17
1.2.2	Barrena o tirabuzón	21
1.2.3	Barrena plana	24
1.2.4	Efecto suelo	25
1.3	Superficies de control aerodinámico	27
1.4	La variable del peso y el centro de gravedad	28
1.5	Condición de guiñada adversa	32
1.5.1	Guiñada y precesión giroscópica	38
1.6	Factor de carga y pérdida de sustentación	39
1.7	Efectos sorpresivos en vuelo	42
1.8	Ejercicios	51

Capítulo 2 - Gestión y recuperación de la pérdida de sustentación

2.1	Introducción	55
2.2	Técnicas de recuperación recomendadas por FAA	55
2.3	Prevención de la pérdida y de la barrena	63
2.4	Consideraciones generales sobre seguridad	65

Capítulo 3 - El origen de la pérdida de control en vuelo

3.1	Introducción	71
3.2	Análisis estadístico internacional	72
3.3	Factor psicofísico como origen de la pérdida de control	78
3.3.1	Desorientación espacial	79
3.3.2	Incapacitación súbita	80
3.4	Caso de estudio	84
3.5	El instinto que mata	88

3.5.1	Sistemas de la aeronave	90
3.5.2	Meteorología	93
3.5.3	Aspectos sensoriales	94
3.5.4	Gestión de motores	100
3.6	Escenarios más probables de ocurrencia	102
3.7	Ejercicio práctico	104

Capítulo 4 - Pérdida de control: a baja altura y a gran altitud

4.1	Introducción	109
4.2	Pérdida de control a baja altura	110
4.3	Vuelo de instrucción y pérdida de control a baja altura	112
4.4	Pérdida de control a gran altitud	116
4.5	Caso de estudio	122
4.6	La visión de la aviación de transporte y sus defensas	127
4.6.1	El Programa Upset Prevention and Recovery	130

Capítulo 5 - La meteorología y la pérdida de control

5.1	Introducción	143
5.2	Turbulencia	144
5.3	Tormenta	147
5.4	Engelamiento y acumulación de hielo	150
5.4.1	Caso de estudio	157

Capítulo 6 - Pérdida de control: combinación de factores

6.1	Introducción	169
6.2	Caso de estudio	170
6.3	La gestión de la operación en aeronaves bimotores	177
6.3.1	Confirmación cruzada y motor operativo	180
6.4	Caso de estudio	185

Capítulo 1

Introducción a la pérdida de control en vuelo

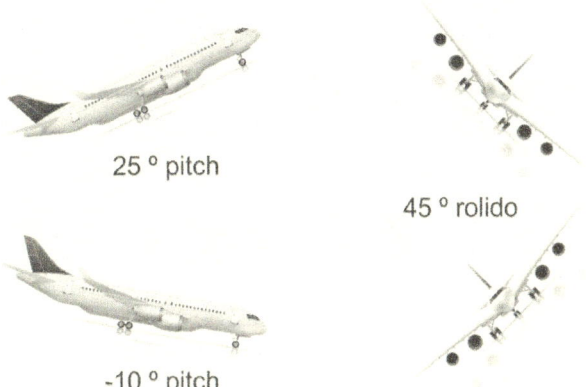

25 ° pitch

45 ° rolido

-10 ° pitch

Introducción a la pérdida de control en vuelo

1.1　*Concepto de pérdida de control*

Si bien parece un concepto muy abarcativo, la pérdida de control se encuentra absolutamente definida con parámetros y criterios claros. Para comprender el origen de la definición y conceptos hay que referirse a la consolidación del Equipo de Taxonomía Común de la OACI. El preámbulo del documento de promulgación de la taxonomía común expresa lo siguiente:

"La Organización de Aviación Civil Internacional (OACI) y el Equipo de Seguridad Operacional en Aviación Comercial, el cual incluye funcionarios de Gobierno y líderes de la Industria, han constituido conjuntamente el Equipo de Taxonomía Común (CICTT) de CAST/ OACI. El equipo fue encargado para desarrollar definiciones y taxonomías comunes para los sistemas de notificación de incidentes y accidentes en aviación. El propósito de las taxonomías y definiciones comunes es la mejora en la capacidad de la comunidad aeronáutica en centrarse en temas comunes de seguridad operacional. El CICTT incluye expertos de varias compañías aéreas, fabricantes de aviones, fabricantes de motores, asociaciones de pilotos, autoridades reguladoras, comisiones para la seguridad

operacional en el transporte, OACI y miembros de Canadá, la Unión Europea, Francia, Italia, Japón, Holanda, Reino Unido y EE.UU. El CICTT está comprendido por un representante de la OACI y de la Administración Nacional Aeroespacial de EE.UU. (representando al CAST)...".

La taxonomía desarrollada aplica tanto a la gestión de la seguridad operacional, regulada por el Anexo 19 al Convenio sobre Aviación Civil Internacional (Chicago/44), como a la investigación de accidentes de aviación, normada por el Anexo 13 al mismo convenio. La taxonomía comprende una codificación específica que corresponde a una serie de conceptos vinculados al tipo de suceso. La taxonomía común incluye definiciones y conceptos claros respecto con: sucesos vinculados a los aeródromos (ADRM), navegación aérea (CNS), incursión en pista (RI), maniobra abrupta (AMAN), entre otros. En general, los sucesos se tipifican con un elemento de la taxonomía y se complementan con otros dos o tres que permitan describir el hecho de modo más detallado.

A continuación, se desarrollan los criterios vinculados específicamente con pérdida de control. El CICTT considera dos tipos de pérdida de control: una en tierra (LOC-G) y en vuelo (LOC-I). Con respecto a LOC-I, la OACI considera tres aspectos en la definición de un suceso de esta categoría:

• Pérdida de control de la aeronave durante cualquier fase de la trayectoria de vuelo o desvío de la misma.

- La pérdida de control en vuelo es una manifestación extrema de una desviación de la senda de vuelo programada o requerida para la fase de la operación.
- La pérdida de control puede ocurrir en condiciones VMC o IMC de modo indistinto.
- La pérdida de control puede producirse durante la ejecución de una maniobra intencional.
- La pérdida de control puede estar influenciada por el uso de los sistemas de control, hipersustentadores o cualquier otro dispositivo que equipe a la aeronave.
- El concepto de pérdida de control también involucra a los efectos aerodinámicos adversos en helicópteros: pérdida de efectividad del rotor de cola, autorrotación, anillos turbillonarios del rotor principal, dificultades con carga externa, etc.
- La pérdida de control puede estar generada por oscilaciones inducidas por el piloto (PIO).
- La pérdida de control puede iniciarse en una falla técnica de la aeronave.
- La pérdida de control puede guardar relación con factores meteorológicos, engelamiento estructural.

Existen otro estudio llevado a cabo por los principales fabricantes de aeronaves destinadas a la aviación general y validado por la *Federal Aviation Administration* (FAA) de los

Estados Unidos en 2004 titulado "Guía del Piloto para la recuperación de pérdida de control en una aeronave". El trabajo se enfocó en aeronaves livianas y también en antecedentes de accidentes de aviones de transporte afectados por pérdida de control en vuelo.

La guía que quedó finalmente plasmada definió que la condición de pérdida de control en vuelo es un suceso involuntario que excede las performances y capacidades aerodinámicas de mando de la aeronave. De acuerdo con este criterio, se establecieron parámetros de referencia para considerar cuando una aeronave se considera en pérdida de control. Entonces, la pérdida de control estará establecida en la excelencia de:

- Actitud de picada de 10 grados o más (nariz abajo)
- Actitud de cabreo o cabeceo superior a 25 grados (nariz arriba)
- Ángulo de alabeo de 45 grados o más
- La combinación de una (o más) de las variables anteriores deberá darse en una situación de operación a una velocidad fuera de los límites requeridos para la maniobra, tipo de aeronave y/o condición de vuelo.

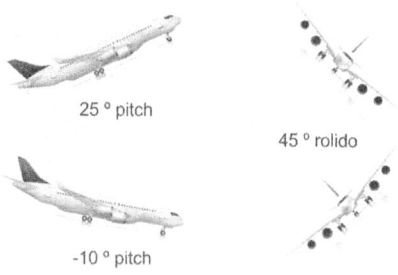

1.2   Estabilidad y mecánica de vuelo

Para comprender cómo se presenta y qué es la pérdida de control en vuelo, es necesario refrescar los conceptos de estabilidad y aerodinámica básicos, que nos proporcionan una noción completa de la problemática y las acciones necesarias.

La estabilidad de una aeronave depende de varios factores que van desde cuestiones aerodinámicas y de control (manual y/o automático), técnica de vuelo, e incluso el propio diseño de la aeronave. Las condiciones de equilibrio pueden ser afectadas también por factores fortuitos; en caso de colapso de un sistema de mando, el resto de los dispositivos asociados deberán contrarrestar el efecto adverso que produce la falta de un elemento de control aerodinámico. Lo mismo sucede con las variaciones significativas de peso y posición del centro de gravedad, los sistemas de control deben contrarrestar el momento de fuerzas que se produce e intentar mantener las condiciones de estabilidad en detrimento de otras exigencias aerodinámicas o de performances de la aeronave.

Toda actuación de la aeronave, por fuera de los valores estipulados en el diseño y prueba de certificación, pueden requerir acciones correctivas por parte de la tripulación (o piloto automático) que excedan sus capacidades y conduzcan a una situación insegura o crítica de vuelo.

Más allá de esta dificultad, el exceso de AOA también puede traer aparejados problemas aerodinámicos con los mandos de la aeronave, debido a que alguno de ellos (timón de profundidad, elevadores, alerones, compensadores, etc.) pueden quedar en una zona de "sombra aerodinámica"; donde la eficiencia de su actuación se encuentra condicionada.

Existen una serie de variables relacionadas con la aeronave que deben considerarse como factores influyentes en la estabilidad direccional de la aeronave en vuelo:

- Dimensión del estabilizador vertical, su timón de dirección y compensadores (si los hubiere instalados).
- Distancia del conjunto de cola (especialmente del estabilizador vertical) a la posición del centro de gravedad de la aeronave.
- Presencia (o no) de aletas dorsales estabilizadoras en el fuselaje trasero de la aeronave.
- Influencia del flujo aerodinámico de la hélice sobre el conjunto de cola.
- Influencia por interferencia del fuselaje con respecto al conjunto de cola, especialmente al estabilizador vertical.
- Sensibilidad o respuesta de los mandos aerodinámicos versus las cualidades de maniobra de la aeronave.

Con respecto a la estabilidad longitudinal, cabe señalar los siguientes puntos de interés para el control constante de la aeronave:

- Ángulo de diedro de la planta alar.
- Ubicación de la planta alar, con respecto a la posición del centro de gravedad.

- Ángulo de flecha (positivo o negativo) de la planta alar.
- Relación de dimensión geométrica entre el conjunto de estabilizador vertical y la envergadura alar.
- Distancia entre el conjunto de cola, con respecto a la posición del centro de gravedad de la aeronave.

La actitud de una aeronave ante una condición de pérdida de control depende de variables que tienen que ver con la fase del vuelo, el tipo de aeronave y el origen de la pérdida de control. A continuación, se expondrán las actitudes típicas de la pérdida de control en vuelo, con una reseña de la mecánica de vuelo vinculada a cada una de ellas.

Antes de introducirnos en las maniobras y situaciones críticas, es necesario recordar algunos conceptos aerodinámicos elementales, para una mejor comprensión de las actuaciones. Para ello, recordemos que, la influencia del flujo directo sobre un perfil aerodinámico asimétrico con una velocidad (v) y una densidad (ρ) da como resultado un vector de fuerza en la dirección de la corriente del aire, conocida como resistencia, y otro vector de fuerza perpendicular a la dirección del aire, conocido como sustentación.

Tomando este concepto y hipotetizando acerca de variar al ángulo de incidencia del perfil (ángulo de ataque) y se volvieran a cuantificar los vectores sin variar la velocidad ni la densidad del aire, se obtendría un coeficiente adimensional que representa la sustentación.

Por lo tanto, se resume en un breve punteo los aspectos fundamentales de la mecánica de vuelo y la estabilidad del avión. Ellos serán muy importantes para seguir comprendiendo el resto de los temas que se desarrollarán.

- La estabilidad es la respuesta del avión cuando se lo perturba de la situación de equilibrio. La estabilidad del avión se representa sobre cada uno de sus ejes, y se evalúa como una actuación en conjunto.
- Los conjuntos de cola (estabilizadores) funcionan con los mismos principios y fuerzas aerodinámicas que se presentan en la planta alar.
- La posición del centro de gravedad tiene una gran influencia sobre la respuesta de estabilidad de la aeronave.
- El diseño aerodinámico debe procurar la estabilidad a distintos AOA.

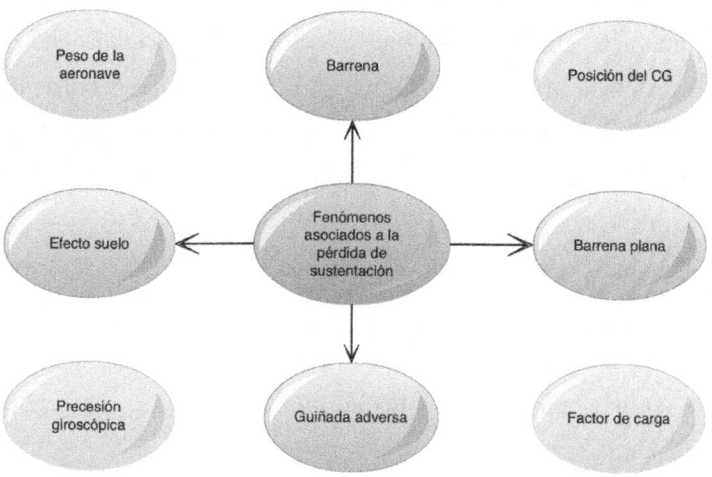

1.2.1 Pérdida de sustentación

Las condiciones de pérdida de sustentación son muy variadas y dependen de la actitud de vuelo y la fase del mismo. Lo primero que se debe recordar es que la pérdida de sustentación se produce por el aumento excesivo del ángulo de ataque y no por velocidad aerodinámica o de traslación. El aumento deliberado del ángulo de ataque del ala produce un detrimento en el coeficiente adimensional de sustentación (C_L) y un rápido crecimiento del coeficiente adimensional de resistencia aerodinámica (C_D).

El coeficiente de sustentación aumenta gradualmente, conforme aumenta el ángulo de ataque del perfil; a partir de un cierto ángulo de ataque se alcanza el máximo de sustentación. Después de esto, la distribución de presiones que se presentaba en el perfil deja de existir, por el ángulo de incidencia, hasta que desaparece el vector de sustentación. Es decir, un perfil aerodinámico entra en pérdida de sustentación por la variación del ángulo de ataque y no por la velocidad del fluido.

Sin embargo, es importante destacar que este criterio es aplicable únicamente al perfil aerodinámico y no a la aeronave como conjunto, es decir, un perfil tiene un ángulo crítico de entrada en pérdida de sustentación, mientras que una aeronave además tiene una velocidad crítica o mínima para la entrada en pérdida de sustentación. La velocidad de pérdida de una aeronave está representada por la siguiente expresión:

$$V = \sqrt{((2 \cdot W)/(\rho \cdot S \cdot C_L max))}$$

Donde V representa la velocidad de pérdida de la aeronave, W es el estado de peso de la aeronave, ρ es la densidad de la masa de aire, S es la superficie alar, y C_{Lmax} es el máximo coeficiente de sustentación del perfil. Las condiciones en las que una aeronave puede estar afectada por la pérdida de sustentación son muy amplias. Durante el proceso de análisis de las performances de vuelo, aparte de considerar el tipo de perfil aerodinámico y su forma, es necesario tener en cuenta tres aspectos:

- El máximo coeficiente de sustentación que puede alcanzar el perfil aerodinámico (C_{Lmax}).
- La variación abrupta del C_L por incremento del ángulo de ataque.
- El punto de separación de la capa límite sobre el perfil aerodinámico.

Relacionado con la geometría del perfil y la variable del espesor del ala, existen tres condiciones de capa límite que son importantes en el análisis del origen de la pérdida de sustentación:

- En los perfiles aerodinámicos donde el espesor supera el 15% aproximadamente de la cuerda, la separación de la capa límite del flujo se inicia en el borde de fuga del ala. Conforme aumenta el ángulo de ataque, el desprendimiento de la capa límite progresa en sentido borde de fuga al borde de ataque, concentrándose la mayor fuerza de sustentación en las proximidades de este último.

- En los perfiles donde el espesor varía entre un 9 al 12% aproximadamente de la cuerda, la separación de la capa límite comienza en el borde de ataque; el flujo se vuelve a adherir al ala produciéndose una especia de burbuja; a medida que se aumenta el ángulo de ataque, crece la burbuja hasta romperse y producir la completa pérdida de sustentación.

- Los perfiles con una relación de espesor menor al 6% de la cuerda, experimentan un proceso similar al anterior, solo que la burbuja que se forma es más "alargada" y se aproxima al borde de fuga progresivamente hasta romperse.

Entre una de las condiciones de pérdida de sustentación más destacada en la investigación, puede mencionarse a la "pérdida con velocidad" o "pérdida con aceleración G". Son fenómenos que se producen con la aeronave en vuelo, durante una determinada actuación o maniobra donde las fuerzas de aceleración son mayores a la unidad ($G \geq 1$).

Los Manuales de Vuelo de las aeronaves o los manuales de operación, refieren esta condición en tablas y gráficos donde se representa la variación del peso versus la variación de las fuerzas G, para determinar velocidades de pérdida en maniobra. Por lo tanto, para determinar si existió una condición de este tipo en vuelo, debe determinarse el valor de G (factor de carga en maniobra), entonces,

al conocer el valor de la velocidad de pérdida de sustentación con un determinado peso de la aeronave, es posible calcular:
- La velocidad de pérdida en cualquier condición de peso y factor de carga.
- El valor de G, en que a un determinado peso la aeronave entra en pérdida de sustentación.

Una variable muy importante que debe ser considerada es la descomposición del vector de sustentación durante las actuaciones de giro. Más allá de la condición que se presenta con respecto al factor de carga, debe considerarse que, la velocidad de pérdida aumenta conforme se incrementa el ángulo de giro –viraje-.

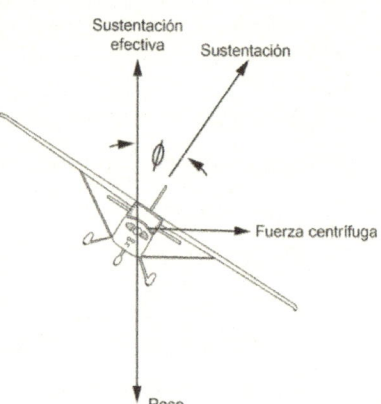

Técnica de instrucción para el reconocimiento temprano de la pérdida

Habitualmente la maniobra de pérdida es confundida con la maniobra de aproximación a la pérdida. Durante el proceso de instrucción inicial para Piloto Privado, el instructor inicia la temática con una introducción al reconocimiento temprano de la aproximación a la perdida de sustentación a fin de evitar que ésta continúe al siguiente nivel critico y se encuentre con una situación de pérdida concreta.

El reconocimiento temprano de la pérdida de sustentación es un factor fundamental para los alumnos principiantes, quienes deben entender el principio aerodinámico que sucede en el perfil alar, previo a iniciar la práctica de este tipo de maniobras. Considerando esta premisa, el reconocimiento temprano de la pérdida inicia en el aula de clases, y una vez que el alumno ha comprendido los principios aerodinámicos de las fuerzas actuantes en un perfil alar, se podría pasar a la práctica en vuelo iniciando con la maniobra básica de aproximación a la pérdida sin potencia. En esa maniobra inicial, el instructor debe asegurarse de que el alumno aprenda a reconocer el comportamiento anormal de la aeronave ante tal situación y luego del reconocimiento, lograr comprender la resolución del conflicto.

Una vez que el alumno domina y reconoce la aproximación a la pérdida, la maniobra puede dar un paso mas y llevar a la aeronave a una pérdida real (con alas niveladas) donde luego reconocer la situación crítica, se requerirá acción inmediata para recuperar la normalidad del vuelo.

Escanea el código QR y observa el video de un ejemplo de condiciones de pérdida de sustentación en un Airbus A320.

(Video de acceso público disponible en YouTube. Reproducción sujeta al canal de YouTube. Referencias de autor en video).

1.2.2 Barrena o tirabuzón

Una barrena es una actuación en vuelo donde la aeronave se encuentra en pérdida de sustentación, con actitud de nariz abajo, mientras describe una trayectoria helicoidal descendente de modo incontrolado.

La barrena también es una maniobra acrobática. En este caso, el piloto intencionalmente induce a la aeronave a esta actuación colocando nariz arriba con potencia, hasta alcanzar un ángulo de ataque crítico, donde la aeronave entra en pérdida de sustentación y gira en descenso (el sentido del giro depende del par o torque del motor). Cuando la barrena es inducida, el piloto se encuentra en control de la aeronave; y luego de una o más vueltas aplicará la técnica necesaria para controlar el avión.

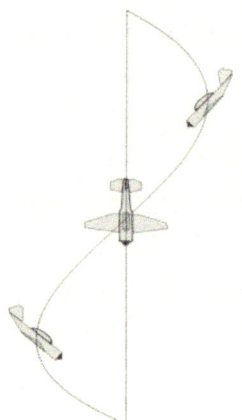

Ahora, cuando se trata de una maniobra no comandada es de gran peligrosidad ya que sorprende al piloto en una condición de descenso incontrolado. De no aplicarse la técnica apropiada, se podrá perder completamente el control, con consecuencias nefastas.

La técnica de recuperación depende de la aeronave. En aeronaves livianas existen dos técnicas recomendadas para la recuperación.

Técnica tradicional impartida en la instrucción:

Según los procedimientos normales de vuelo y de instrucción básica un tirabuzón se presenta y recupera del siguiente modo (ejemplo con una barrena hacia la izquierda en aeronave monomotor):

- Llevar el mando de potencia a ralentí
- Acción completa del pedal contrario al sentido de la actuación de guiñada
- Centrar los mandos de profundidad y alabeo
- Esperar la recuperación de la actitud del avión
- Al finalizar el tirabuzón deberá centrarse el timón de dirección (pedales centrados)
- Una vez que se haya recuperado la actitud y control, recién se aplicará nuevamente potencia y se volverá a la actitud de la aeronave previa a la barrena.

Técnica de "soltar lo mandos":

Cuando la barrena se presenta con una altura, existe un criterio ampliamente utilizado por el que se recomienda soltar los mandos de vuelo y reducir la potencia. Por lo tanto, cuando la aeronave comienza su recorrido descendente, con nariz abajo, se aprovecha la energía que se gana con la pérdida de altura, para luego ser capitalizada en la recuperación y aumento de la fuerza de sustentación.

La técnica consiste en permitirle a la aeronave que realice entre un cuarto a medio giro, para luego aplicar los mandos de modo tal de estabilizar las alas y recuperar la actitud de vuelo recto lentamente. Con la actitud recuperada, recién ahí se aplicará nuevamente potencia para lograr estabilizar definitivamente el vuelo recto y nivelado.

Esta técnica es más efectiva en aeronaves livianas de ala alta, donde el diseño aerodinámico propicia la estabilidad del avión y su recuperación autónoma sin accionar los comandos de vuelo. Uno de los ejemplos clásicos de este tipo de aeronaves son los Cessna 150, 170, 182, etc. cuyo diseño y planta alar favorecen la recuperación.

Por el contrario, en el caso de aeronaves de ala baja y/o cola en "T" este tipo de maniobra presenta un mayor grado de dificultad, ya que podrían generarse interferencias aerodinámicas y zonas de "sombra aerodinámica" sobre los mandos que hagan más compleja o cuidadosa la recuperación de la actitud anormal del avión.

Escanea el código QR y observa el video de un ejemplo de recuperación de barrena en vuelo. Técnica impartida por instructores de aviación general en los Estados Unidos.

(Video de acceso público disponible en YouTube. Reproducción sujeta al canal de YouTube. Referencias de autor en video).

1.2.3 Barrena palana o tirabuzón plano

Es la condición más crítica en que puede ingresar una aeronave en vuelo, ya que su recuperación es casi imposible. Una barrena plana es la consecuencia inmediata de no haber recuperado adecuadamente una barrena tradicional o barrena con nariz abajo.

El ingreso a la condición de barrena o tirabuzón plano, puede producirse por la presencia o combinación de las siguientes variables.

- Permitir que la aeronave evolucione por encima de 3 giros sin actuar ningún mando.
- Falta de aplicación de técnicas de recuperación adecuada de la barrena.
- Mantener los comandos de vuelo en la misma posición durante la maniobra.
- Gestión inadecuada de la potencia de motor.

En aeronave configuradas con la en "T" la condición de barrena plana se agrava, debido a que el conjunto de cola puede producir el efecto de sobra aerodinámica sobre las superficies de alerones, durante la fase de tirabuzón con nariz abajo.

1.2.4 Efecto suelo y la pérdida de control

Se trata de un fenómeno aerodinámico que se produce cuando una aeronave vuela rasante o muy próximo al terreno. Es un fenómeno físico que afecta la distribución de presiones sobre el perfil aerodinámico; es decir que, por más que "la aeronave" como conjunto se encuentre en efecto suelo, este se fenómeno manifiesta en la planta alar. El efecto suelo produce una disminución de la resistencia al avance y un aumento de la fuerza de sustentación.

Para que se presente el efecto suelo se deben combinar dos elementos, por un lado, el terreno y por otro, la perturbación que produce el perfil aerodinámico en la masa de aire. La proximidad al terreno provoca una presión que hace que una mayor cantidad de la corriente de aire pase a través del extradós del perfil, con el consiguiente aumento de la fuerza de sustentación. Por lo tanto, existe una relación directa entre la distribución de presiones y la distancia de la planta alar al suelo. De modo general, puede plantearse la siguiente ecuación de relación:

Efectosuelo : *altura/envergadura*

Para evaluar las variables operacionales de riesgo, es necesario considerar que:

- Si la aeronave en vuelo bajo ingresó al efecto suelo, se producirá un aumento de la sustentación que no afecta la maniobrabilidad ni se detectarán variaciones de la velocidad.

- Al salir de la condición de efecto suelo, se producirá una disminución considerable de la fuerza de sustentación, por lo tanto, es probable que se requiera de un aumento de potencia o empuje y de técnicas de vuelo específicas (según el tipo de aeronave), para continuar el vuelo de modo seguro.

- Si la aeronave, al ingresar al efecto suelo, se encontraba próxima a la velocidad de pérdida de sustentación, es probable que cuando intente salir de esa condición, esta no posea la fuerza de sustentación suficiente para continuar el vuelo.

El efecto suelo es un fenómeno aerodinámico que debe ser considerado como peligro en toda operación, por lo tanto, deberá valorarse y ejercerse las acciones de mitigación que sean necesarias según las condiciones de pista, temperatura, peso del avión, performances y demás variables que puedan intervenir.

1.3 *Superficies aerodinámicas y el control en vuelo*

Toda aeronave está encuentra equipada con superficies aerodinámicas móviles y fijas destinadas al control de las actuaciones y la generación de fuerzas aerodinámicas. Hasta aquí se mencionó al conjunto alar como factor fundamental en la sustentación. A este concepto debe adicionarse los mandos de vuelo, superficies fijas y sistemas hipersustentadores (flaps y slats).

Para ampliar los conceptos aerodinámicos de cada uno de los sistemas podrá consultarse el tomo "Aerodinámica" de la colección HDIW. En el presente libro haremos referencia a las circunstancias y variables que el uso inadecuado de esos sistemas puede inducir a la pérdida de control en vuelo. Para ello, es necesario considerar los siguientes aspectos:

- Los mandos aerodinámicos de control de las actuaciones (guiñada, rolido y cabeceo) poseen su efectividad completa, siempre y cuando la aeronave posea velocidad suficiente y las fuerzas aerodinámicas estén equilibradas de acuerdo a cada maniobra.

- La posición del centro de gravedad y el peso poseen una relación directamente proporcional a la efectividad aerodinámica de los mandos de control.

- La actuación de los Flaps y Slats poseen velocidades máximas de despliegue. El uso de estas superficies por encima de los valores estipulados genera inestabilidad de la aeronave, y hasta incluso puede hacer perder el control de la misma, generando maniobras incontroladas. Deberá consultarse el manual de vuelo de cada aeronave, para verificar las velocidades y limitaciones de operación.

- La no actuación de los hipersustentadores durante las maniobras de despegue, ascenso, aproximación y aterrizaje, pueden llevar a la aeronave a una condición aerodinámica donde sea imposible el vuelo por la falta de sustentación. Deberá consultarse el manual de la aeronave y/o despacho operacional (en caso que lo hubiere) para conocer las acciones y limitaciones para cada caso particular.

1.4 La variable del peso y el centro de gravedad

El peso de la aeronave y la posición del centro de gravedad es vital en la estabilidad y control. Los pesos límites del avión son claros y pueden hallarse en los manuales, sin embargo, existen condiciones durante la operación que pueden generar una variación del peso (y movimiento del CG) no contemplado en la documentación. A continuación, listaremos una serie de condiciones que pueden presentarse durante el vuelo y podrían afectar la estabilidad y control del avión.

Escanea el código QR y observa el video de un Tutorial de performances y cálculos de peso y balance en un Cessna 182

(Video de acceso público disponible en YouTube. Reproducción sujeta al canal de YouTube. Referencias de autor en video).

- Formación de hielo: la acumulación de hielo estructural aumenta el peso de la aeronave y modifica la posición del CG.
- Carga viva: en los vuelos de carga, donde se transportan animales vivos, las sujeciones o jaulas pueden moverse o soltarse, lo que generaría cambios súbitos en la distribución de peso en el fuselaje.

- Fumigación aérea (aeroaplicación): algunas aeronaves específicas de fumigación aérea poseen restricciones de peso máximo de despegue, para operar con la tolva completa de carga y carga completa de combustible; ante el desconocimiento de este hecho o violación de la norma, las aeronaves podrían operar fuera de la envolvente segura de pesos y CG.

- Consumo anormal de combustible: en las aeronaves de transporte equipadas con sistema de compensación y trasvase de combustible entre tanques (y tanques compensadores); un funcionamiento deficiente del sistema, puede generar cambios en la posición del CG y alteración del AOA normal de vuelo.

- Aeronaves con equipos adicionales: algunas aeronaves de aviación general se encuentran equipadas con sistema de publicidad sonora, carteles publicitarios remolcados, entre otros dispositivos. Estos elementos, de no estar instalados correctamente, pueden generar variaciones significativas de la posición del CG.

Ya se mencionó en párrafos anteriores, pero merece una breve descripción de las condiciones críticas. Como todos sabemos, toda aeronave posee un rango seguro para la ubicación y movimiento del centro de gravedad; esta se la conoce como envolvente segura del CG. Toda vez que el CG se encuentre dentro de los límites de esa envolvente la aeronave se comportará de modo estable y de acuerdo con las actuaciones de diseño.

A330 General
Weight and balance

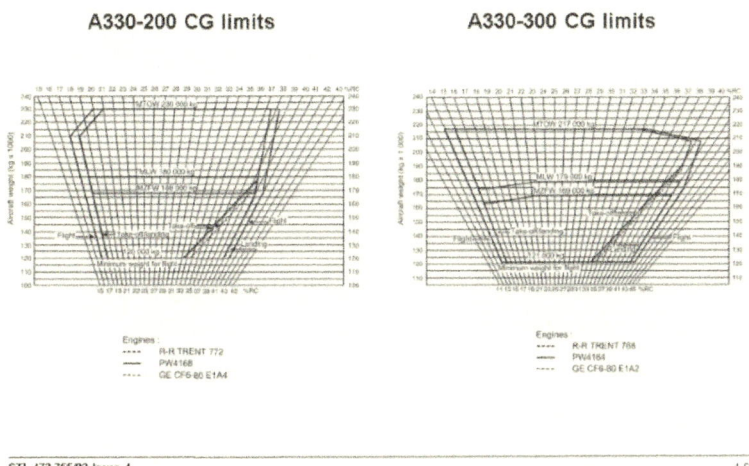

En la figura anterior se muestra el ejemplo de una aeronave de transporte de gran porte, donde en el mismo gráfico se observan los distintos pesos operativos y los comportamientos con los distintos tipos de motorización elegible. Es importante volver a remarcar el concepto de rango seguro, es lógico que el CG se desplace a lo largo del vuelo... considerando sólo el consumo de combustible es obvio que el CG es imposible que sea estático. Lo importante es que su corrimiento siempre se presente dentro de los rangos seguros.

Con respecto a los efectos adversos que produce el corrimiento del centro de gravedad, durante la investigación de un suceso inseguro deberán tenerse en cuenta los siguientes aspectos:

Centro de gravedad retrasado

- Durante la operación de despegue, el avión puede tender a rotar prematuramente (por debajo de la velocidad necesaria de rotación).
- Durante la fase de ascenso, la aeronave tiende a adoptar una mayor actitud de cabreo; lo que puede inducir a una condición de pérdida de sustentación.
- Durante el vuelo recto y nivelado, la aeronave tiende a volar con un ángulo de ataque mayor al normal.
- Durante la fase de aproximación y aterrizaje, la aeronave puede tornarse inestable y requerir acciones de mando correctivas constantemente, hasta que la aeronave se encuentre completamente apoyada en la pista.

Centro de gravedad adelantado

- La aeronave tiende a ponerse "pesada" de nariz, por lo que en todas las maniobras la aeronave adopta una actitud de picada, que debe ser corregida constantemente a través de los mandos aerodinámicos.
- El uso de *Flaps* a baja velocidad puede incrementar la tendencia a la actitud de picado de la aeronave.
- La aeronave puede ingresar en una zona crítica de control si se intentan realizar maniobras acrobáticas u operaciones de prácticas de "motor y al aire"; debido a que la aeronave no poseerá las características de maniobrabilidad necesaria para recuperar cada actitud.

1.5 Condiciones de guiñada adversa

Recordemos que la guiñada es el movimiento o actuación que realiza una aeronave sobre su eje vertical. En aeronaves monomotores de ala fija, este eje es el que comparte junto con el motor. Justamente, el motor es el encargado de la transformación de energía necesaria para que la hélice traccione la masa de aire e impulse el avión.

Como rezan las leyes de Newton, a cada acción le corresponde una reacción opuesta y de similar magnitud. Esto es lo que sucede con el vector de fuerzas de torque que produce el motor. La acción en este caso, la fuerza generada para impulsar la hélice, la reacción es el vector de fuerza en sentido puesto que actúa sobre la aeronave, particularmente en el eje vertical de la misma. A esta combinación de fuerzas se la conoce como "*efecto torque*".

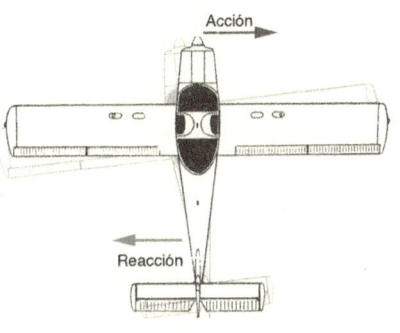

Por su parte, la hélice también tiene injerencia en el proceso de control de guiñada. La hélice desplaza una masa de aire turbulento hacia atrás que envuelve a la aeronave en forma de torbellino, coincidente con el sentido de giro de la hélice. Este efecto aerodinámico se lo conoce como estela de la hélice o "*slipstream*". El resultado aerodinámico es que la estela incide con mucho mayor fuerza sobre un lado del estabilizador vertical, empujándolo hacia uno de los lados; con lo que la aeronave tenderá a guiñar al lado opuesto.

Esta condición se incrementa cuando la aeronave posee una estructura de ala baja. En este tipo de configuración alar la estela de la hélice incide también sobre la parte inferior del ala empujándola hacia arriba (efecto similar a un brusco aumento de la sustentación en uno de los planos), con la proporcional acción inversa sobre el ala opuesta, la que tenderá a bajar (similar a un brusco aumento del peso o pérdida de la sustentación).

Para compensar este efecto aerodinámico en este tipo de aeronave, el conjunto de cola se encuentra levemente desplazado unos pocos grados respecto del estabilizador vertical y la dirección general de la tracción del motor.

Mientras que las fuerzas se encuentren compensadas, no se producen interferencias significativas. Sin embargo, este efecto puede producir una contribución a la pérdida de control cuando la aeronave se encuentre en condiciones marginales de vuelo.

Una situación crítica, en la que este efecto puede agravar la situación es una entrada en pérdida o entrada en tirabuzón con potencia aplicada. Combinación aerodinámica de pérdida de sustentación por aumento del AOA con potencia, hace que el efecto del torque sea aún más crítico y genere que el avión inmediatamente adopte la actitud de tirabuzón. En caso que se mantengan los mandos aplicados en el sentido del tirabuzón se presenta un riesgo crítico de ingresar en barrena o tirabuzón plano; maniobra de la que es casi imposible recuperar la aeronave.

En virtud de lo que hemos descripto, es fundamental para el control del vuelo tener en cuenta que toda actuación de guiñada no comandada deberá ser considerada como "guiñada adversa". Siempre deberá recordarse que la actuación de guiñada no comandada se corrige a través de la aplicación de pedal contrario al sentido del movimiento del avión.

El concepto aerodinámico de guiñada adversa también puede contemplar la actuación que se produce debido a la acción del par de fuerzas que se genera en una aeronave bimotor, al detenerse uno de sus motores. Este efecto incrementa su criticidad si se trata de un avión equipado con hélices, donde esta inducirá un mayor par de fuerzas si no se coloca en su posición de mínima resistencia aerodinámica (paso "*bandera*") de inmediato.

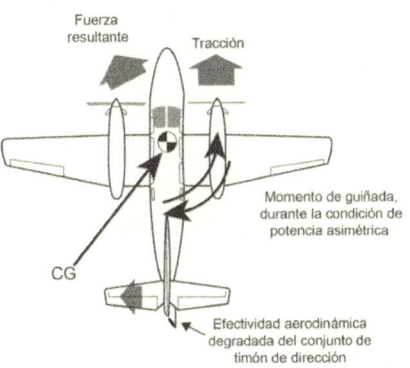

Más allá del efecto de guiñada adversa, la mecánica de vuelo de las aeronaves bimotores, ante el fallo de un motor es algo más compleja y requiere de algunas consideraciones particulares. Veamos.

Cuando se presenta esta situación, la aeronave queda en una condición asimétrica (actitud excesiva de guiñada) de empuje o tracción; en esta condición, la estabilidad y control deben ser mantenidas a través del accionamiento de los mandos aerodinámicos.

Por lo tanto, existe una velocidad aerodinámica por debajo de la que los mandos no pueden llegar a contrarrestar el par de fuerzas que genera la detención de uno de los motores; esta se conoce como Velocidad Mínima de Control (*Minimum Control Airspeed* V_{MC}). Se calcula que la V_{MC} debe estar representada por 1,2 x V_{SI}. La velocidad de pérdida en configuración específica (V_{SI}), para la determinación de la V_{MC}, se aplica de modo diferente para aeronaves con motores alternativos y aeronaves a reacción.

- *V_{SI} para aeronaves con motor alternativo*: se considera que el motor remanente puede entregar la máxima potencia de despegue, la posición más adversa del centro de gravedad, Flaps en configuración de despegue, tren de aterrizaje retraído y la hélice del motor inoperativo en bandera, molinete o posición de mínima resistencia aerodinámica.

- *V_{SI} para aeronaves con motor a reacción*: se considera que el o los motores remanentes pueden entregar el máximo empuje de despegue, la aeronave se encuentra configurada con compensadores en posición de despegue, la posición más adversa del centro de gravedad, tren de aterrizaje retraído, la aeronave posee el peso máximo de despegue (a nivel del mar) y no se considera el efecto suelo como parte del fenómeno.

Técnicas de instrucción para la guiñada adversa y el concepto de motor crítico

La guiñada adversa (*yaw*) se basa en un movimiento indeseado que se ejerce sobre el eje vertical de la aeronave. Este movimiento puede ser causado por diferentes factores, entre los mas comunes, el torque de la hélice, la estela que ésta produce al generar la tracción, empuje asimétrico y en una menor medida, la resistencia de los alerones durante un viraje. Ahora bien, considerando que este fenómeno actúa sobre el eje vertical, la única herramienta que posee el piloto para contrarrestar su efecto es la acción sobre este eje, utilizando los pedales.

Este ejemplo se nota claramente cuando una aeronave pierde uno de sus dos motores y tienen a realizar una guiñada hacia el sentido del motor detenido. Es aquí cuando el piloto ejerce presión sobre el pedal del lado del motor operativo para contrarrestar este efecto indeseado. En la mayoría de los casos de guiñada adversa, el procedimiento aplicado es siempre sobre el mismo concepto, aplicar pedal del lado opuesto a la guiñada, con la presión suficiente a fin de contrarrestar su efecto. Un exceso en la presión sobre el pedal, podría llevar a la aeronave a una situación de desequilibrio por guiñada excesiva. Volviendo al ejemplo de la falla de uno de los motores, las aeronaves que cuentan con mas de uno, usualmente posee el denominado motor crítico, un concepto que se basa en la importancia de uno de los dos motores, debido a que sobre el se encuentran en funcionamiento los principales sistemas de vuelo del avión (en aviones comerciales de gran porte). En aviones livianos, el motor crítico será aquel, que al detenerse en vuelo, pueda producir un mayor efecto torque y una guiñada adversa. Este factor dependerá del diseño de las hélices, pudiendo encontrar aeronaves con motores de hélices rotativas y hélices contra rotativas.

1.5.1 Guiñada y precesión giroscópica… otra combinación crítica

Si bien parece un término complejo, el fenómeno de precesión es un efecto físico muy sencillo de entender. La precesión o movimiento de precesión, es un movimiento asociado al cambio de dirección (en rotación) en el espacio de un cuerpo. Este fenómeno se presenta sobre el eje de rotación del cuerpo en cuestión.

Más precisamente y según las leyes de la física, el movimiento de precesión se ubica en un margen entre los máximos y mínimos momentos de inercia en la rotación del cuerpo. Cabe señalar que el cuerpo afectado por el fenómeno de precesión, puede encontrarse o no en equilibrio con respecto a otras fuerzas y movimientos en cualquiera de sus otros ejes de libertad. Ahora bien, trasladamos este concepto físico a la mecánica de vuelo. Retomando algunos conceptos desarrollados con respecto a la guiñada adversa, se mencionó que la masa de aire desplazada por el efecto de la hélice gira a gran velocidad… por lo tanto, es susceptible de verse afectada al fenómeno de precesión. Por lo tanto, cuando la aeronave realiza movimientos de rolido y de cabeceo, la hélice y la masa de aire que desplaza estarán afectadas por el efecto de precesión giroscópica descripto.

Como corolario del conjunto de factores que intervienen en el efecto de guiñada adversa, veamos en la siguiente tabla un resumen práctico del efecto y las acciones correctivas necesarias. Para el ejemplo que se muestra en la tabla se consideró una aeronave monomotor con giro de la hélice en sentido horario

Origen	Actuación en vuelo	Corrección
Efecto torque	Giro a la izquierda sobre el eje longitudinal y guiñada a la izquierda	Pedal derecho
Estela de la hélice	Guiñada a la izquierda	Pedal derecho
Tracción asimétrica	Guiñada a la izquierda	Pedal derecho
Tracción asimétrica	Guiñada a la derecha	Pedal izquierdo
Precesión giroscópica	Guiñada a la izquierda con nariz abajo	Pedal derecho
Precesión giroscópica	Guiñada a la derecha con nariz arriba	Pedal izquierdo

1.6 El factor de carga y la pérdida de sustentación

Como todos sabemos, el factor de carga es la relación de esfuerzos que se produce por la acción de las fuerzas de sustentación y el peso de la aeronave. De modo sencillo, analíticamente se representa como factor de carga (n) es el cociente entre la sustentación (L) y el peso (w). Como el peso

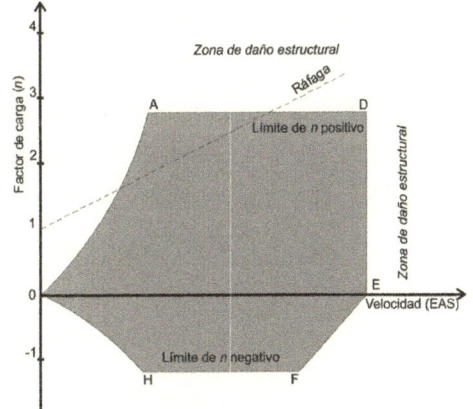

es la expresión de la masa por la aceleración gravitatoria, el resultado de *n* se expresa como valores de *G´s* o aceleraciones gravitatorias aplicadas a la aeronave. De acuerdo con el sentido de aplicación de la fuerza, las G´s pueden ser positivas o negativas. No es el objetivo de este libro profundizar sobre temas estructurales, pero debe mencionarse que el factor de carga es un limitante en la resistencia estructural del avión y también en las limitaciones de operaciones y maniobras.

El factor de carga se expresa para cada aeronave en un diagrama específico con las limitaciones y especificaciones de cada modelo en particular. Allí se considera el peso, las capacidades de maniobra, las especificaciones aerodinámicas, etc. Otro 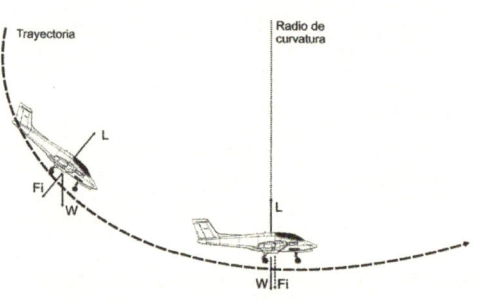 de los elementos que suele representarse es la condición de viento y ráfagas; a ese gráfico se lo conoce como "diagrama de ráfaga y maniobra", se trata de una representación más completa de las limitaciones en maniobra y los rangos seguros de operación en cada una de ellas. A continuación, se muestra un diagrama típico tomado como referencia del libro "Análisis de Fallos en Sistemas Aeronáuticos" de editorial Paraninfo. Cada una de las zonas que se ven en el gráfico corresponden a fase de vuelo y distintas actuaciones donde se establecerán los límites (estructurales y aerodinámicos).

En función de lo que hemos desarrollado hasta aquí debemos mencionar que, cuando la aeronave se encuentra en vuelo recto y nivelado las fueras están equilibradas; por lo tanto, el factor de carga es 1 G. Es importante señalar que los cambios de velocidad no modifican el factor de carga, lo que lo hace variar es la actitud de la aeronave. Cuando un comando aerodinámico actúa (se toma como ejemplo el timón de profundidad), se genera automáticamente una aceleración angular que provoca que el centro de gravedad de la aeronave comience a describir una trayectoria curvilínea.

No profundizaremos en cuestiones estructurales, pero vamos a analizar el vínculo con la pérdida de sustentación y de control. De acuerdo con lo que se desarrolló en los párrafos anteriores, en cualquier condición de viraje y aeronave, indefectiblemente el factor de carga aumenta. Si el viraje se lleva a cabo como un "viraje coordinado" el factor de carga aumenta, pero se mantiene constante a lo largo de toda la maniobra; mientras que, si no es coordinado, es muy probable que aumente y pueda alcanzar un nivel crítico (según las condiciones de vuelo).

El caso análogo se presenta cuando la aeronave alcanza un AOA crítico. Si un avión alcanza un AOA crítico con un factor de carga superior a 1G, la velocidad de pérdida de sustentación de crecerá proporcionalmente.

Aunque todas las aeronaves se encuentran diseñadas para poder atravesar zonas de turbulencia, deberá prestarse atención al nivel máximo de ráfagas para el que sea certificada. Tal como se expuso en párrafos anteriores con respecto al diagrama de ráfaga y maniobra, pueden presentarse condiciones operacionales donde el aumento significativo de ráfagas produzca un proporcional aumento del factor de carga y por ende, aproximar a la aeronave a una condición crítica de pérdida de sustentación.

En general puede referirse que la velocidad de pérdida se incrementa en una proporción igual a la raíz cuadrada del factor de carga. Esta regla se menciona a modo referencial, pudiendo existir variaciones de acuerdo al tipo de aeronave. Lo más importante es verificar las velocidades recomendadas en el manual de vuelo para cada maniobra y condición de vuelo.

1.7 Eventos sorpresivos o inesperados en vuelo

El factor sorpresa en vuelo es uno de los peligros que siempre deben considerarse presentes, por lo tanto; es necesario generar la mitigación para minimizar su impacto. Conservar la atención distributiva de modos constante es uno de los pilares fundamentales de esta defensa.

Para comprender y contextualizar el concepto en el vuelo, primero debe definirse... ¿Qué es un evento inesperado? Un evento inesperado o sorpresivo se trata de una situación repentina incongruente o que no condice con las expectativas y probabilidades de ocurrencia según el pensamiento y juicio de la tripulación. En esta situación, la información que rodea al evento inesperado puede ser normal (llámese: situación normal de vuelo), o bien, puede presentarse como una emergencia, falla repentina o actitud anormal de vuelo. Por el contrario, un evento inesperado, también puede ser la no concreción de un evento esperado... es decir, *"que no suceda, lo que debe suceder"*.

En vuelo, la sorpresa a menudo suele presentarse cuando algo que se espera que suceda, de hecho, no sucede. Esto crea un doble problema: en primer lugar, si la expectativa es lo suficientemente grande, uno puede "ver" o "escuchar" lo que se espera, incluso si no está allí. Por ejemplo, muchos pilotos en accidentes vinculados con la toma de contacto con tren arriba, afirman que las luces indicadoras de tren estaban encendidas y la alarma de advertencia no se había activado. En algunos casos, el micrófono de área para la grabadora de voz de la cabina de piloto grabó claramente la alarma de advertencia del equipo.

En el otro caso, si un piloto no sabe qué esperar en una situación, entonces las señales informativas pueden ignorarse o un gran número se considerará inesperado. Potencialmente, esto crea distracciones e interrupciones de la tarea principal de volar el avión.

Entre las situaciones que mayor sorpresa generan en el vuelo y potencialmente puede materializarse en hechos inseguros deben desatracase las siguientes:

- Fallas o detención brusca de motor.
- Fallas de sistemas principales.

- Cambios abruptos en las condiciones climáticas.
- Incapacitación psicofísica de un miembro de la tripulación.
- Problemas con las comunicaciones.
- Indicaciones excesivas o confusas de parte del control de tránsito aéreo.

Según un estudio realizado por la Empresa Boeing en 2004 sobre un análisis de casos de accidentes por pérdida de control en vuelo ocurridos entre 1994 y 2003, determinó que el factor sorpresa o de evento inesperado fue una de las fallas activas con mayor repetición en todos los casos analizados. Ese estudio de casos realizado por Boeing contó con un total de 638 accidentes analizados (accidentes e incidentes ocurridos con aeronaves de transporte sobre el período mencionado). De los 638 casos se encontró una prevalencia del factor sorpresa en vuelo, de acuerdo con el siguiente detalle:

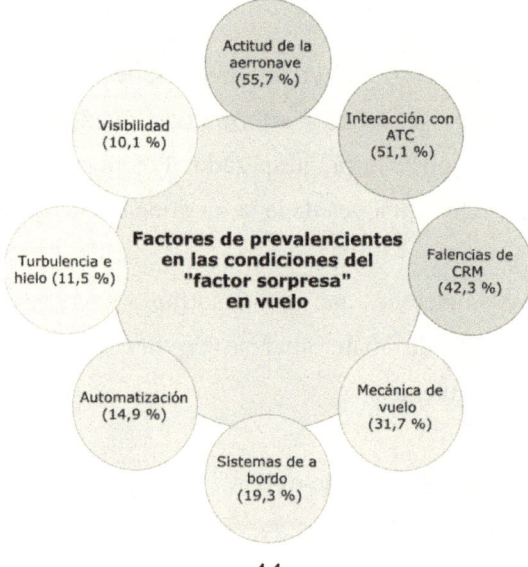

Para comprender y poder mitigar las potenciales situaciones de sorpresa que pudieran presentarse en vuelo, también es necesario conocer los cuatro elementos que conforman a lo que podría denominarse "evento operacional inesperado".

- Los hechos inesperados, no son repentinos. Comienzan a gestarse de modo silencioso y sin efectos aparentes, hasta que desencadenan una condición crítica de modo repentino.
- La sorpresa o factor inesperado puede ser subliminal o no consciente.
- Los eventos operacionales son inesperados son, en su mayoría, la materialización de condiciones simples, no resueltas con antelación.
- Los indicios que sugieren o permiten identificar con antelación las situaciones inesperadas son mínimos o imperceptibles de modo lineal o simple.

La reacción de una persona a un evento sorprendente o inesperado puede contribuir a la interrupción de sus procesos de pensamiento y actividades motoras en curso, creando así una potencial cadena de errores.

Uno de los primeros signos que pueden experimentar las tripulaciones en esa situación es la falta de precisión o exactitud en la ejecución de acciones específicas. Esas acciones imprecisas, pueden estar vinculadas con el control básico de los mandos de vuelo, control de sistemas, entre otros. Es muy probable que, como consecuencia de la sorpresa y los errores que comienzan a cometerse, se presente una desatención de los instrumentos básicos de vuelo, sub estimación de la automatización o procesos inadecuados de comprobación cruzada.

Cuando la tripulación no logra controlar la situación en los primeros segundos, esta puede aumentar exponencialmente y devenir de modo muy rápido la pérdida de control del avión. En situaciones extremas, se ha detectado que la tripulación entró en una condición de pánico y bloqueo de aptitudes y habilidades, ante la imposibilidad de controlar la aeronave en los primeros instantes.

Tanto en el análisis de las situaciones, como en la programación de la instrucción y adiestramiento de las tripulaciones, las situaciones inesperadas en vuelo, deben considerarse como factores de estrés agudo instantáneo o "estresores". En virtud de ello, es necesario los dos tipos y orígenes de estrés que debe gestionarse y mitigarse en la cabina de vuelo:

- Estrés psicofísico: se genera por la combinación de tensión por carga de trabajo, exceso en la carga de trabajo de modo creciente, complacencia y atención distributiva decreciente o tendencia a la atención tunelizada.
- Estrés psicoemocional: se producen aumentos significativos de este tipo de estrés debido a la falta de celeridad y precisión en las respuestas y acciones generadas ante la aparición repentina de un hecho inesperado.

En estas situaciones de estrés creciente, las tripulaciones tienden a responder de dos modos distintos.

- Abordar la situación inesperada, concentrase en ella, para luego retomar el control del vuelo y volver a la condición previa a la que ocurriera.
- Concentrarse en la situación repentina, centrar toda la atención en ella sin poder retornar de modo completo a la normalidad y supervisión del resto de las variables de la operación.

Cuando se presenta la segunda condición mencionada es la situación donde se pone en mayor riesgo la seguridad de la operación. La falta de retorno a "la normalidad" del vuelo, donde la automatización y todos los parámetros de vuelo sean gestionados adecuadamente propicia que vuelva a ocurrir una segunda situación riesgosa que sorprenda nuevamente a la tripulación, aumentando de modo crítico la severidad del tema.

En toda situación que tome por sorpresa a la tripulación, cualquiera sea su origen, la seguridad del vuelo y la recuperación de las condiciones de normalidad estará dada por la combinación de los siguientes seis elementos:

El rápido retorno a la situación de control del avión, como se mencionó, dependerá de la claridad de las acciones. Estas acciones están fundamentadas en las seis variables que se muestran en el gráfico.

La adecuada técnica de control de los mandos aerodinámicos y la potencia de los motores (que dependerá del tipo de aeronave) es el paso inicial en la recuperación de la situación inesperada. A partir de allí, la gestión CRM es crucial en cuanto a la distribución de tareas y ejecución de las mismas.

Cuando se trata de aeronaves tripuladas por un solo piloto, la situación es más compleja, ya que el único al mando del avión será quien deba controlar una carga de trabajo creciente de modo repentino, junto con la recuperación del avión y la restitución del vuelo seguro.

Tanto en tripulaciones mixtas, como cuando vuela un solo piloto; la agudeza de la atención distributiva es fundamental en el control de los parámetros de vuelo, motor, ejecución de maniobras y vigilancia de la estabilidad de la aeronave. No se trata de una habilidad innata, sino de una técnica y profesionalismo que se logra con instrucción y adiestramiento.

El rol de la instrucción de vuelo en la gestión de lo inesperado

Tanto la formación inicial como el adiestramiento que reciban los pilotos serán una de las defensas principales en la gestión de estas situaciones. La situación ideal, e incluso utópica, es que nunca la aeronave llegue a una condición de actitud anormal crítica, sino que la tripulación tenga las herramientas para prevenirlo.

Tanto para evitar las situaciones inesperadas, como para revertirlas de modo seguro; es conveniente que los instructores y las instituciones que diseñen y desarrollen las capacitaciones (ya sean operadores de línea aérea o escuelas de vuelo) enfaticen la instrucción y el adiestramiento en los siguientes aspectos:

- Entrenamiento basado en situaciones y escenario reales.
- Reconocimiento rápido y efectivo de las situaciones anormales de vuelo.
- Ampliar al máximo posible el entrenamiento en distintas situaciones de pérdida de control; haciendo hincapié en los pilotos en instrucción que es imposible entrenar todas las posibilidades, por lo que el control de la situación en general es crucial.
- Integración de las habilidades motrices, cognitiva y emocionales; ente situaciones inesperadas; con el objetivo de asimilar, procesar y responder de modo asertivo en el menor tiempo posible.

El proceso de capacitación y adiestramiento debe ser capaz de generar habilidades y buenos hábitos en cuando a la planificación de la operación. La falta de familiarización con el tipo de aeronave, los contextos operacionales poco conocidos, los procedimientos ambiguos o incompletos; son factores que pueden afectar en la toma de decisiones, por lo que también es vital su estudio y conocimiento.

Desde los niveles iniciales de la instrucción de vuelo es sumamente importante que los pilotos tomen el hábito de realizar *briefing*. Hablar, tanto con el instructor u otros miembros de la tripulación que integre, de todos los procedimientos que se llevarán a cabo durante la operación y las acciones que deberán realizarse en caso de presentarse una falla o una situación imprevista.

Resumiendo…

✓	
La pérdida de sustentación se produce por un aumento del crítico del AOA.	La aeronave ingresa en barrena, solo si se produce una pérdida de sustentación previa.
EL velocidad de pérdida en los AFM posee un margen de seguridad de entre 5 a 10%	La velocidad de pérdida del AFM siempre se refiere a situaciones normales de vuelo.
El valor de la sustentación no es igual a 0 durante la pérdida	La velocidad de pérdida varia en maniobras y con el uso de hipersustentadores.
El control del avión depende de las condiciones de estabilidad en la que se vuele	Todas las aeronaves de ala fija son naturalmente estables y tenderán a recuperarse.

1.8   Ejercicios prácticos

Caso 1

Un instructor se encuentra en un vuelo de instrucción con un alumno con 20 horas de experiencia a bordo de un Cessna 150. Durante una práctica de maniobras (virajes coordinados) la aeronave pierde altura, por lo que el instructor le indica al alumno ascender para continuar con las prácticas. El alumno inicia el ascenso, pero lo hace con un AOA demasiado pronunciado y con potencia aplicada... ante una distracción del instructor, el C150 entra en un tirabuzón producto de la pérdida de sustentación a la que se ve afectada la aeronave a una altura aproximada de 1500 pies.

En este contexto operacional, la acción de recuperación más segura y efectiva seria:

- El alumno entrega el avión al instructor. El instructor reduce la potencia y aplica mandos atrás para recuperar la actitud
- El alumno entrega el avión al instructor. El instructor reduce la potencia, deja que el avión realice medio giro de tirabuzón y luego corrige con pedal y comando hasta estabilizar la aeronave.
- El alumno entrega el avión al instructor. El instructor aplica potencia completa, deja que la aeronave gane energía y luego recupera la maniobra con alerones y timón.

Caso 2

Una escuela de vuelo opera desde un aeródromo con pista de césped aeronaves livianas Tecnam P2002 para la formación de pilotos. La institución convocó a un inspector de la autoridad aeronáutica con el objetivo de habilitar a los pilotos en formación; para ello se planificó que la operación se llevaría a cabo el segundo lunes del mes de enero.

Se preparó la aeronave para tal fin, sin embargo; el fin de semana previo precipitaron más de 80 mm sobre la pista. Al ser un lugar alejado de la base del inspector de la autoridad, es compleja la cancelación de la operación. Por lo tanto, luego de un exhaustivo análisis de la operación decide:

a) Suspender la operación y correr con los costos y tiempos.

b) Extender la carrera de despegue de la aeronave, para asegurar un ascenso positivo.

c) Extender la carrera de despegue y realizar una carga de combustible mínimo requerido para la operación; con el objetivo de disminuir el peso y aumentar el control del avión.

Capítulo 2

Gestión y recuperación de la pérdida de sustentación

Gestión y recuperación de la pérdida de sustentación

2.1 Introducción

El reconocimiento de la pérdida de sustentación y la técnica de su recuperación es una de las pautas básicas que se enseñan desde las primeras horas de la formación del piloto. Como en todos los aspectos de la vida, la formación inicial y el entrenamiento es vital... en este caso, para la seguridad de las operaciones.

Para profundizar en los aspectos vinculados a la instrucción inicial y las maniobras vinculadas a la pérdida de sustentación, su reconocimiento, práctica y recuperación, recomendamos la lectura del libro "Aerodinámica" de la colección HDIW.

2.2 Técnicas de recuperación propuestas por la Federal Aviation Administration

En estos párrafos nos centraremos en algunas fases del vuelo críticas y las consideraciones más importantes con respecto a la pérdida de control y su recuperación. Para ello, es muy útil tomar como referencia la Circular de Asesoramiento AC 120-109A de la Federal Aviation Administration "*Stall Prevention and Recovery Training*".

Según lo expresado en la AC-120-109A existen una serie de factores operacionales que, estadísticamente, inducen a la tripulación al reconocimiento tardío de las condiciones de pérdida de sustentación, o bien actúan como factores que, combinados entre sí, conllevan a la situación crítica de la aeronave. Veamos el listado de las variables que esta Circular identificó como críticos:

- AOA versus ángulo de cabeceo
- Configuración de la aeronave (peso, CG, frenos aerodinámicos, hipersustentadores, etc.).
- Cargas asimétricas (carga alar, empuje o potencia, guiñada adversa, etc.).
- Valores de G´s.
- Ángulo de banqueo.
- Empuje o potencia requerida versus empuje o potencia remanente.
- Maniobras a baja altitud.
- Efectos del vuelo transonico
- Conciencia situacional y variables vinculadas al desempeño operacional.
- Automatización y control.
- Engelamiento y condiciones meteorológicas extremas.

Todas las aeronaves poseen sus propias características aerodinámicas, de performances, mecánica de vuelo, etc; esto es una obviedad. Sin embargo, existen procesos y procedimientos generales aplicables a determinadas maniobras o fases del vuelo. El caso de la maniobra y acciones de defensa ante la pérdida de sustentación, no son la excepción. A continuación, se expone una tabla adaptada con el procedimiento general que recomienda la AC-120-109A para cualquier tipo de aeronave de ala fija; cada uno de los pasos descriptos deberá ser contrapuesto con el Manual de Vuelo de la aeronave en cuestión, pero el lineamiento general es el mismo y de muy fácil comprobación.

Paso	Acción	Observaciones
1	Desconexión de piloto automático y control automático de empuje (si los hubiere en el avión).	La tripulación debe tener control absoluto de la actitud de Pitch. El uso del empuje automático puede causar incrementos en la actitud de Pitch durante la maniobra de recuperación.
2	Aplicar mando adelante y nariz abajo. Verificar trim con nariz abajo.	Debe asegurarse la reducción del AOA durante toda la maniobra.
3	Nivelar las alas con el uso de alerones.	Recuperar la actitud de alas niveladas, saca al avión de la barrena que induce la pérdida y permite estabilizar los vectores de sustentación asimétricamente sobre las alas.
4	Empuje / potencia, reducida desde el inicio y luego se ajustará de acuerdo a la necesidad operacional.	La pérdida puede ocurrir con o sin aplicación de potencia; pero se agrava cuanta más potencia tiene aplicada la aeronave. Al inicio de la recuperación es necesario quitar la potencia y una vez recuperada se incrementará de acuerdo al tipo de aeronave y su performance.
5	Frenos aerodinámicos y sistemas externos, completamente retraídos y si uso.	Debe evitarse el uso de cualquier dispositivo que genere un aumento de la resistencia aerodinámica.
6	Retorno a la actitud de vuelo.	Una vez que se recuperó la pérdida de modo efectivo, es posible retomar la actitud normal de vuelo y el rumbo deseado para la prosecución de la operación.

En la tabla anterior se presentaron acciones básicas y fundamentales. Ahora bien, para una mejor comprensión y aprovechamiento es necesario aplicar la técnica a cada fase de vuelo y condición operacional de modo particular.

El programa de entrenamiento propuesto en la AC-120-109A se enfoca en los tres escenarios de vuelo críticos, donde una pérdida de sustentación requiere de distintas técnicas: pérdida a gran altitud en configuración limpia, despegue y aproximación final. Cada una de las situaciones analizadas fueron pensadas con un instructor a bordo, la intención es que pueda ser aplicable en vuelos de adiestramiento reales, donde los pilotos instructores sean capaces de transmitir los siguientes conocimientos y habilidades.

En cada una de las tres situaciones representadas se hace un análisis del rol del instructor, el objetivo primario del adiestramiento, las áreas de énfasis y las deficiencias más comunes en los pilotos, entre otros aspectos relevantes.

Configuración limpia - prevención de la pérdida a gran altitud

Rol del instructor
Llevar al alumno o piloto en entrenamiento a actuaciones donde la aeronave entre en pérdida con altura.

Objetivo
Que el alumno o piloto en entrenamiento reconozca de modo temprano la situación, alertas, alarmas, etc. El fin primordial es que el piloto cambie altitud por velocidad para la recuperación inmediata de la maniobra.

Áreas de entrenamiento específico en vuelo

- Reconocimiento temprano y ejecución de la maniobra de cambio de energía. Perder altitud y ganar velocidad con actitud de nariz abajo y motor reducido.
- Reconocimiento del AOA crítico.
- Coordinación de las acciones de la tripulación.

- Reconocimiento inmediato de la alarma de pérdida, vibraciones aerodinámicas y las "sensaciones" que transmite el avión.
- Efectos de los distintos niveles de automatización de cabina en esa situación, sus efectos y reconocimiento temprano.
- Adiestramiento en las condiciones en que la aeronave entra en vibraciones aerodinámicas a baja y altas velocidades.
- Entrenamiento en la pérdida de altitud como factor necesario en la recuperación de la maniobra.

Contexto de la operación y procedimiento

- En caso que la aeronave cuente con uno, se recomienda que la maniobra se inicie con autopiloto conectado.
- Uso de velocidad reducida.
- Una vez que se inicien los procesos de alerta de la entrada en pérdida, deberá recuperarse de inmediato la maniobra. En caso que el alumno en instrucción no lo haga, será un deber del instructor a bordo.
- La tripulación deberá hacer un uso justo de los mandos aerodinámico, hecho que prevenga una situación de sobre control y pérdida secundaria.

Deficiencias operacionales de ocurrencia frecuente

- Intento de recuperación con la aplicación de potencia y no con la corrección del AOA.
- No mantener la actitud de nariz abajo hasta tanto todas las alarmas y actitudes de pérdida hayan cesado.

- Técnica inadecuada de nariz abajo y de intercambio de energía.
- Falla de reconocimiento de la vibración aerodinámica.
- Sobrecomando de la maniobra e incremento del factor de carga. Probable ingreso en una situación de pérdida secundaria.
- Priorizar la recuperación de la actitud de rolido y no la de la pérdida (uso inadecuado de alerones).

Despegue - prevención de la pérdida a baja altura

Rol del instructor
Llevar al alumno o piloto en entrenamiento a actuaciones donde la aeronave entre en pérdida en despegue y senda aérea de despegue.

Objetivo
Que el alumno o piloto en entrenamiento reconozca de modo temprano la situación, alertas, alarmas, etc. cuando existe un margen de resolución muy acotado a baja altura.

Áreas de entrenamiento específico en vuelo

- Reconocimiento inmediato de la situación.
- Coordinación de las acciones de la tripulación.
- Reconocimiento inmediato del AOA efectivo.
- Control inmediato del rolido y el buffeting.

- Reconocimiento del margen de altitud para la ejecución de la recuperación y actitud más segura a adoptar.
- Si bien no existe un valor predeterminado de pérdida de altitud, quedará a criterio de la situación de vuelo, pero es necesario perder altitud para ganar sustentación.

Contexto de la operación y procedimiento

- Se recomienda reducir la velocidad al límite mínimo para mantener un rango de ascenso predeterminado y velocidad aerodinámica.
- La corrección del AOA deberá realizarse rápido, pero de modo suave y a un ángulo tal que no comprometa más de lo ya comprometida, la seguridad del vuelo.
- Ejecución de la recuperación de pérdida una vez se active o detecte cualquier alarma o indicio.
- Una vez que se logró la recuperación, recién se asumirá nuevamente la actitud de ascenso con régimen controlado.

Deficiencias operacionales de ocurrencia frecuente

- Maniobra de recuperación efectuada sin pérdida de altitud.
- Falencias en la elección del AOA.
- Priorización del control de rolido sobre la corrección de AOA.
- Falta de desconexión de piloto automático y auto empuje (en caso que los disponga la aeronave).
- No mantener nariz abajo durante toda la maniobra de recuperación.

Configuración de aproximación y aterrizaje - pérdida a baja altura

Rol del instructor
Llevar al alumno o piloto en entrenamiento a actuaciones donde la aeronave entre en pérdida durante la aproximación.

Objetivo
Que el alumno o piloto en entrenamiento reconozca de modo temprano la situación, alertas, alarmas, etc. cuando existe un margen de resolución muy acotado a baja altura.

Áreas de entrenamiento específico en vuelo

- Reconocimiento inmediato de la situación.
- Coordinación de las acciones de la tripulación.
- Reconocimiento inmediato del AOA efectivo.
- Control inmediato del rolido y el buffeting.
- Reconocimiento del margen de altitud para la ejecución de la recuperación y actitud más segura a adoptar.
- Si bien no existe un valor predeterminado de pérdida de altitud, quedará a criterio de la situación de vuelo, pero es necesario perder altitud para ganar sustentación.

Contexto de la operación y procedimientos

- Debe considerarse que una altitud de 1000 pies es un valor crítico donde pueda presentarse la pérdida, de todos modos, debe reducirse la potencia y colocar actitud de nariz abajo.
- La aplicación de potencia en esta situación es de máxima criticidad y muy posiblemente lleve la aeronave a una situación inmediata de pérdida de control.
- Deberá ser ejecutada la maniobra de pérdida de sustentación, tal como en otras condiciones de vuelo.

Deficiencias operacionales de ocurrencia frecuente

- La maniobra intenta realizarse sin perder nada de altura.
- La maniobra se ejecuta con una reducción del AOA inferior a la necesaria para la ejecución eficaz de la recuperación.
- Aplicación inadecuada de comando de timón de dirección.
- Priorización del control de la actuación de rolido por sobre el AOA crítico.
- Intento de alinear las alas antes de recuperar el AOA normal.

Escanea el código QR y observa el texto completo de la AC-120-109A

(Documento público, disponible en www.faa.gov).

2.3 Prevención de la barrena y pérdida de sustentación

La entrada en barrena o tirabuzón en una aeronave puede provocar una pérdida considerable de altura durante la caída misma. En esta condición de vuelo la recuperación de la pérdida requerida mayor cantidad de tiempo y pérdida de altitud. Los pilotos, por lo tanto, no deben permitir la entrada en barrena de la aeronave. Si la aeronave permaneciera en pérdida, ésta podría empezar a alabear y/o a guiñar hasta una actitud extrema, pudiendo provocar la entrada en barrena. Aplicar los alerones y/o el timón de dirección cuando la aeronave está cerca de entrar en pérdida o ya está en ella, es uno de los errores más frecuentes y críticos en la recuperación; el caso análogo se presenta al aplicar una potencia asimétrica en una aeronave multimotor.

Maniobra de recuperación de barrena vista desde la cabina. Se observa al instructor aplicando palanca adelante, reduciendo la potencia; sin que el alumno realice acción alguna.

En ningún momento se deberá "levantar" un ala caída (aplicación de alerones) cuando la aeronave se encuentre en pérdida. Se debe reducir el ángulo de ataque y vuele la aeronave cuando haya recuperado el control. Incluso en el caso de una pérdida asimétrica se puede evitar la entrada en barrena completa. Si en cualquier momento la aeronave cambiara su actitud en una dirección o una velocidad que el piloto no hubiera pretendido al accionar los controles, el piloto deberá llevar los controles de vuelo la a posición neutral inmediatamente.

2.4 *Consideraciones generales de seguridad*

Más allá de los procesos explicados en los párrafos anteriores, es necesario hacer hincapié en técnicas y conceptos transversales a todas las fases de vuelo y aeronaves. Su ejecución de modo adecuado, no solo propicia un mejor control del avión, sino que también asegura no generar daños a la aeronave o quedar expuesto a condiciones aerodinámicas adversas.

Para comprender la problemática, es necesario conocer los errores típicos en la instrucción de vuelo. Entre las condiciones más repetidas, los instructores de vuelo destacan que la práctica de situaciones que implican la posibilidad de pérdida de control en vuelo propone un enorme desafío para los instructores a cargo. Si bien estas maniobras se instruyen en alumnos avanzados, no se descarta la posibilidad de cometer errores típicos por parte de ambos, tanto del instructor como del alumno; que puedan llevar a la aeronave a esa situación.

Por su parte, el estudiante que comienza a comprender estas maniobras avanzadas suele cometer un patrón de errores comunes en casi todos los casos, entre ellos pueden destacarse:

- Desempeño operacional errático o con carencias de procesos, producto de ser una situación "nueva" para el novel piloto.
- Inadecuada gestión de los recursos de cabina a consecuencia de una errónea comprensión del concepto teórico de la maniobra que fuera instruido oportunamente en tierra.
- Sobrecomando o exceso de movimiento de los comandos, a causa de las sensaciones inusuales que este tipo de maniobras pueden generar en un individuo aún no adiestrado.
- Atención distributiva dispersa o poco asertiva.

Por su parte el instructor de vuelo también suele cometer errores típicos relacionado con las técnicas pedagógicas, tales como:

- Instrucción temprana de maniobras avanzadas o de alta performance con alumnos que aún presentan dificultades para comprender maniobras previas o de menor dificultad.
- Sobre exigencias de control de parámetros al inicio de la instrucción sin comprender que estas maniobras requieren de un proceso de aprendizaje y no involucran resultados inmediatos.

- Toma de control temprana que impide al piloto en instrucción terminar la maniobra, o por el contrario, una toma de control tardía, que lleva a la aeronave a una situación inusual e indeseada.

En este tipo de instrucción aérea, el instructor debe lograr manejar los recursos humanos de la cabina en tiempo y forma, buscando maximizar la atención distributiva de su estudiante a fin de lograr sus mejores resultados.

El planteo y exposición todos los pasos a seguir previo a subirse al avión, resulta una técnica de suma utilidad; ya que el estudiante tendrá en mente lo que sucederá y podrá recurrir a sus conocimientos teóricos. Realizar el repaso previo al vuelo permite mitigar el riesgo de sorpresas o imprevistos durante la operación.

Nuevamente es necesario recordar un concepto que se menciona una y otra vez a lo largo de los libros de HDIW dedicados a la seguridad: los pilares de la seguridad. Toda defensa o barrera en un sistema seguro está fundamentado en la instrucción, la tecnología y las regulaciones; en este caso, la combinación de la capacitación junto con la tecnología es el binomio que asegurará las condiciones de control durante todas las fases de vuelo.

- Toda maniobra de recuperación de pérdida no debe ser considerada una maniobra acrobática. Se trata de una maniobra defensiva, llevada a cabo en un avión que no está diseñado para la acrobacia.

- Las maniobras que se llevan a cabo de modo brusco generan un mayor nivel de G´s que pueden inducir a la aeronave a una condición de pérdida de sustentación secundaria.

- Las maniobras que se llevan a cabo de modo brusco generan un mayor nivel de G´s que pueden inducir a la aeronave a una condición de daño estructural.

- Por más que la recuperación de la pérdida sea una maniobra "brusca", siempre deberá ser llevada a cabo con un movimiento suave de los mandos de vuelo.

El control de la potencia es crítico en las maniobras a baja altura. La ejecución de la maniobra con potencia aplicada muy probablemente aumente la condición de la barrena y se pierda completamente el control del avión.

Capítulo 3

El origen de la pérdida de control en vuelo

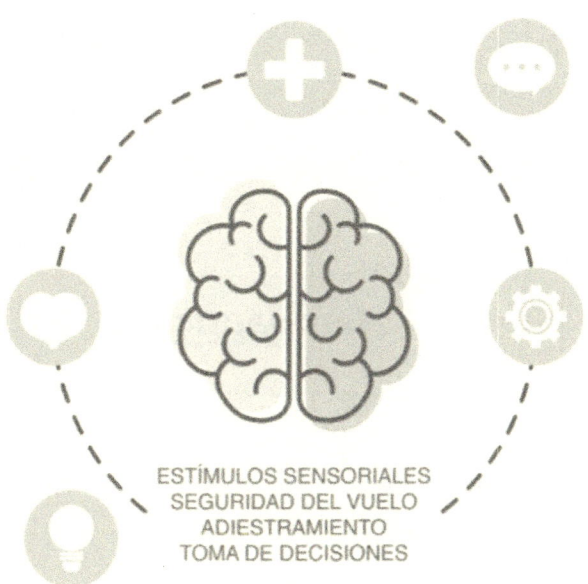

El origen de la pérdida de control en vuelo

3.1 Introducción

Las causas de la pérdida de control en vuelo son realmente numerosas. Como una primera aproximación es posible mencionar dos escenarios probables donde ocurre esta situación, a ellos los llamaremos: inducidos por la tripulación e inducidos por el contexto de la operación; también podría identificarse una tercera agrupación donde exista una conjunción de ambos, eso será materia de análisis más adelante.

En el primer caso interviene la interacción de la tripulación con la aeronave, la interpretación del instrumental, las sensaciones corporales de los tripulantes, la supervisión de la operación y el nivel de conciencia situacional. Para una mejor comprensión, veamos en la siguiente enumeración los factores principales de las pérdidas de control inducidas por la tripulación:

- Falta de supervisión, control y evaluación de la actitud y velocidad de la aeronave
- Pérdida de sustentación, barrena y/o barrena plana
- Decremento de la conciencia situacional
- Técnica de vuelo inadecuada o uso impropio de los mandos de vuelo
- Maniobras por fuera de las envolventes de vuelo seguro para el tipo de aeronave
- Oscilaciones inducidas por el piloto (PIO)

- Actos de interferencia ilícita

En el segundo caso, los factores de contexto son los que se combinan para dar como resultado una situación crítica y repentina. En este momento es clave la acción de la tripulación para recuperar la actitud de vuelo seguro. Entre los factores que más se destacan en el contexto de operación se deben mencionar:

- Fallas estructurales severas, incendio, humo en cabina, etc.
- Condiciones meteorológicas extremadamente adversas: turbulencia severa, tormenta severa, etc.
- Engelamiento estructural.
- Falla de motor crítico.

Más allá del origen de la pérdida de control, es vital considerar la fase del vuelo en que se presenta cualquiera de las situaciones que fueron mencionadas antes. El éxito en la resolución de la pérdida de control, en gran medida, dependerá del margen de maniobra y altura que se disponga para la respuesta... esa respuesta, la acción y técnica de recuperación se conoce como *"Upset recovery"*.

3.2 Análisis estadístico internacional

En 2010 la Junta de Seguridad en el Transporte de los Estados Unidos (NTSB) publicó un estudio en el que se analizaron 278 accidentes fatales causados por pérdida de control en vuelo entre 1994 y 2009; es decir, un análisis de 15 años de accidentes fatales

LOC-I. Los accidentes contemplados corresponden a la aviación comercial (regular y no regular) a nivel mundial.

Condiciones adversas a bordo	42,8 %
Peligros externos	35,3 %
Pérdida de sustentación	21,9 %

Desagregada la información estadística antes vista en el gráfico anterior, la NTSB identificó tres grupos para discriminar y analizar los sucesos, de acuerdo con el siguiente detalle:

Condiciones adversas a bordo (119 casos - 42,8 %)
    Deficiencias técnicas
    Fallas en los sistemas
    Fallas de motor
    Factores relacionados con la tripulación

Peligros externos (98 casos - 35,3 %)
    Condiciones de vuelo IMC
    Vórtices marginales
    Cortantes de viento
    Engelamiento
    Maniobras abruptas

Pérdida de control de la aeronave / pérdida de sustentación (61 casos - 21,9 %)
Actitud anormal de la aeronave
Velocidad inadecuada (aerodinámica y/o vertical)
Descenso incontrolado
Barrenas y pérdida de sustentación

También existe otro estudio estadístico muy interesante que llevó a cabo la Asociación Internacional de Transporte Aéreo sobre 88 accidentes fatales ocurridos en la aviación de línea área entre 2010 y 2014. En este caso se consideraron 38 accidentes fatales de pérdida de control en vuelo, 31 de impacto contra el terreno en vuelo controlado (CFIT) y 5 excursiones de pista. A los fines del presente libro, nos centraremos en el análisis de los 38 casos de LOC-I. En la siguiente tabla veremos un detalle de lo sucedido.

Año	Reactor	Turboprop	Subtotal
2010	3	7	10
2011	3	5	8
2012	2	4	6
2013	3	5	8
2014	2	4	6
totales	13	25	38

Ahora bien, como puede observarse la mayor cantidad de accidentes se ha presentado en aeronaves turbo propulsadas. A continuación, se observa el detalle de estos sucesos discriminados por fase de vuelo.

- Despegue: 3
- Ascenso: 11
- Crucero: 7
- Descenso: 1
- Aproximación: 8
- Go around: 4
- Aterrizaje: 4

Según la investigación realizada en cada uno de los sucesos se pudieron identificar fallas activas, estados indeseados y contextos operacionales que influyeron en los accidentes. La identificación de cada uno de ellos, no es el único factor o elemento clave; sino que se realizó una individualización con el objetivo de identificar su repetición en el resto de los casos analizados.

Porcentaje de repetición con respecto a fallas activas

- Aspectos vinculados con el manejo de la aeronave: 29%
- Falencias en la ejecución de procedimientos normalizados (SOP´s): 26%
- Fallas y conductas vinculadas con la automatización: 5%
- Falencias en la ejecución e interpretación de *callouts*: 8%
- Falencia en la ejecución de listas de control: 6%

Porcentaje de repetición de estados indeseados

- Control abrupto de la aeronave: 5%
- Desviación de la velocidad (aerodinámica o vertical): 21%
- Tormenta / turbulencia: 16%
- Operación fuera de la envolvente segura de la aeronave: 18%
- Aproximaciones desestabilizadas: 11%

Porcentaje de repetición por contexto operacional:

- Meteorología adversa: 57%
- Cortantes de viento: 11%
- Engelamiento: 13%
- Pérdida de referencias visuales: 11%
- Presión operacional: 8%
- Problemas técnicos en la aeronave: 37%
- Fatiga operacional 3%
- Desactualización de cartas o documentos operacionales: 3%

En la República Argentina, la Junta de Investigaciones de Accidentes de Aviación Civil (JIAAC) también ha realizado estudios específicos de análisis de los accidentes por pérdida de control en vuelo. El período del muestreo va desde 2011 a 2015; donde se registraron 43 accidentes LOC-I, de los cuales 14 fueron fatales. Cabe señalar que en este estudio están incluidos los sucesos de aviación general y de aviación de transporte. De este período estudiado se desprendieron tres convulsiones destacadas respecto con el LOC-I, la JIAAC detectó la mayor cantidad de problemas en cuanto a:

- Configuración inadecuada de la aeronave
- Exceso en el AOA
- Evaluación inadecuada de las performances de vuelo y el contacto operacional

El mismo organismo realizó un segundo estudio estadístico y de análisis de datos con respecto a los sucesos acaecidos entre 2013 y 2017. En esos 5 años se produjeron 214 accidentes de los cuales, 37 fueron producto de pérdida de control en vuelo. Nuevamente, los valores están referidos a aviación comercial y aviación general.

Si bien el valor de 37 sucesos representa sólo el 17% del total, el estudio destacó que del total de accidentes fatales, los sucesos vinculados con pérdida de control en vuelo representaron el 52% de los hechos. Es decir, los accidentes LOC-I fueron el origen de fatalidades con mayor preponderancia en la aviación; lamentablemente, un valor que condice con las estadísticas a nivel mundial

Ese segundo estudio de casos también arrojó dos datos muy importantes para el análisis de la seguridad:

- Se detectó que la fase crítica en es el ascenso, con un 32% de injerencia.
- El 60% de los pilotos accidentados tenían 250 horas de vuelo (o menos) de experiencia operacional.

En concordancia con estos análisis también puede mencionarse el estudio realizado por el ingeniero de desarrollo aeroespacial Christine Belcastro del Centro de Desarrollos de la NASA *Langley Research*, titulado "*Loss of control prevention and recovery: onboard guidance, control and system technologies*". Ese estudio expone una enumeración desagregada de los hechos críticos de mayor repetición en los accidentes fatales por pérdida de control en vuelo. A continuación, se expone una adaptación traducida de la figura 4 "*LOC key characteristics, causes, and causal & contributing factors*".

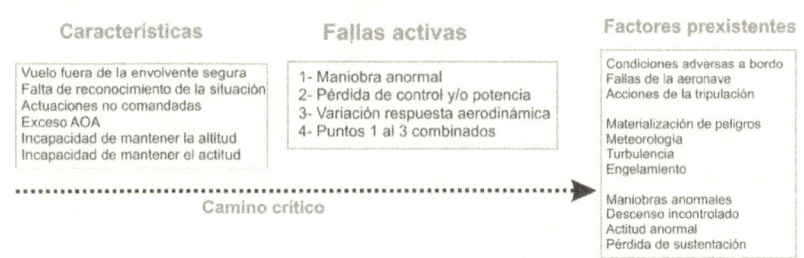

3.3 *El factor psicofísico como origen de la pérdida de control*

A lo largo del presente libro, nos hemos referido al origen y estudio de la pérdida de control en vuelo, principalmente en factores operacionales y en variables externas que afectan al vuelo. Sin embargo, no hay que perder de vista que el control del avión está en manos de humanos, susceptibles a sufrir descompensaciones, alteraciones o factores de incapacitación que conlleven a la pérdida de control de la aeronave.

No es la intención de este texto profundizar sobre la fisiología del ser humano en vuelo, simplemente nos limitaremos a mencionar los aspectos fundamentales con la seguridad del vuelo. Para ello, la referencia se hace sobre los dos grandes grupos de peligros donde se podría dar una situación crítica de control de la aeronave: la desorientación espacial y la incapacitación súbita de la tripulación.

3.3.1 *Desorientación espacial*

La desorientación espacial es la expresión que define a la variedad de fenómenos sensoriales que transcurren en vuelo y que afecta a los pilotos generando una incapacidad de captar correctamente la posición, movimiento o actitud de él mismo y/o de su aeronave, con relación a la superficie terrestre, otras aeronaves y la vertical gravitacional.

Para comprender el origen de la desorientación espacial, es necesario recordar que el sentido del equilibrio está compuesto por la combinación de la vista, el sistema auditivo, el vestibular y el propioceptivo. La visión se percibe a nivel consciente, mientras que el restante de los elementos que intervienen, son percibidos a nivel sub consciente; hecho que dificulta la posibilidad de una detección temprana por parte del individuo que es afectado a este fenómeno.

Las tres fuentes de información (vista, oído interno y sistema propioceptivo), pueden proporcionar información falsa durante determinadas actitudes de vuelo, induciendo a la desorientación espacial. Durante las operaciones, el movimiento de la aeronave y las aceleraciones a las que se ve sometida, pueden influenciar y alterar la información enviada a la corteza cerebral. Esto produce que el individuo, pueda perder (o verse disminuida) la capacidad de percibir de modo correcto su posición y desplazamiento por el espacio.

El fenómeno, suele producirse principalmente cuando el piloto carece de experiencia en vuelo por instrumentos, y no posee la capacidad de reconocer sus propias sensaciones y compararlas con la información de los instrumentos de vuelo. El adiestramiento y las horas de vuelo instrumental son las que mecanizan el razonamiento de "hacerle caso" a los instrumentos y no a las sensaciones psicofísicas en vuelo.

Escanea el código QR y observa el video del documental Discovery Channel accidente American Airlines AA965 Boeing 757

(Video de acceso público disponible en YouTube. Reproducción sujeta al canal de YouTube. Referencias de autor en video).

3.3.2 Incapacitación súbita

La incapacitación de uno o más miembros de la tripulación se produce por la acción de un cuadro agudo de una sintomatología asociada a una enfermedad, ya sea preexistente o una descompensación a causa de un evento puntual, como puede ser un infarto de miocardio. Obviamente estas situaciones son de muy baja frecuencia de ocurrencia, pero no es imposible que se presenten. El origen más frecuente de una incapacitación súbita, ya sea temporaria o permanente, de un tripulante puede deberse a:

- Accidente Cerebro Vascular (ACV)
- Infarto agudo de miocardio
- Convulsiones
- Descompensación por hipo o híper glucemia
- Descompensación por hipo o híper tensión arterial
- Cuadro de deshidratación aguda
- Hipoxia
- Intoxicación (respiratoria)

Ninguna de estas patologías posee una defensa infalible, la mejor manera de enfrentarlas es a través de la prevención, el control médico periódico, una vida y alimentación saludable, actividad física e hidratación.

Un factor que debe considerarse como condicionante del desempeño operacional y de incapacitación, son los dolores o traumatismos causados por efecto de la presión de cabina en el cuerpo; se los conoce como barotraumatismos. Si bien, en general, son síntomas y traumatismos que no ponen en riesgo la vida, producen un umbral de dolor muy alto que condicionará la respuesta operacional. A continuación, se exponen los principales tipos de barotraumatismos (ref. fragmento de *"Seguridad operacional investigación de accidentes de aviación"* Ed. Garceta, 2016):

- Expansión de gases gastrointestinales: se produce por la distensión de las paredes intestinales y la expansión de los gases retenidos; habitualmente es un fenómeno se produce por encima de los 15 000 pies de altitud. Como consecuencia de esto, el individuo puede ser afectado por cólicos intestinales, con dolor agudo.

- Barotitis media: es generada por la inflamación del tímpano del oído, debido a los cambios de volumen y presión del aire. Durante el ascenso, el aire en el interior del oído medio se expande, debiendo el exceso de volumen gaseoso salir hacia la faringe para equilibrar la presión transtimpánica. Si la trompa está obstruida, el tímpano protruye hacia el exterior produciéndose la inflamación. El caso inverso se produce en la fase de descenso, al re comprimirse el aire en el interior del oído medio, disminuye el volumen cayendo la presión dentro de él, lo que induce que el tímpano protruya hacia el interior con su consiguiente inflamación. Este tipo de trastornos produce dolores agudos y pérdida de la audición, hechos que pueden comprometer seriamente el desempeño operacional de las personas afectadas.

- Barosinusitis: es el fenómeno que se presenta de modo análogo a la barotitis, pero esta vez desarrollado en los senos paranasales. Las consecuencias que presenta este trastorno no revisten una gravedad significativa a la respiración, sin embargo, puede generar un umbral de dolor agudo que condicionará el desempeño operacional.

- Barodontalgia: es el dolor agudo que se produce en las cavidades de las piezas dentales lesionadas (caries), producto de la expansión de los gases que se acumulan en esos resquicios. Dependiendo de la dimensión de la lesión dental y el grado de tolerancia al dolor agudo que tenga el individuo, será el modo en que se condicionan sus aptitudes para la operación.

- Sobredistensión pulmonar: es el proceso de expansión de la cavidad pulmonar producida por el exceso de presión en su interior. La sobredistensión tiende a dañar los tejidos pulmonares, para comunicar la presión ambiente con la cavidad pleural (espacio vacío ubicado entre la caja torácica y el pulmón); permitiendo la entrada de aire hacia esa cavidad; esta lesión se conoce como neumotorax. Si bien no se constituye en un cuadro clínico frecuente, la sobredientensión pulmonar es una lesión de alta gravedad.

Parte de la incapacitación de un tripulante puede estar dada por tratamientos médicos con determinado tipo de medicación. Existe una serie de medicamentos necesarios en los tratamientos médicos que pueden causar mareos, alteraciones sensoriales u otro tipo de efectos secundarios que pudieran ser un condicionante del desempeño operacional; es por ello que, el seguimiento médico es indispensable... solo un profesional de la salud podrá certificar si el piloto puede estar apto o no para el vuelo, en función del tratamiento médico que se le haya indicado.

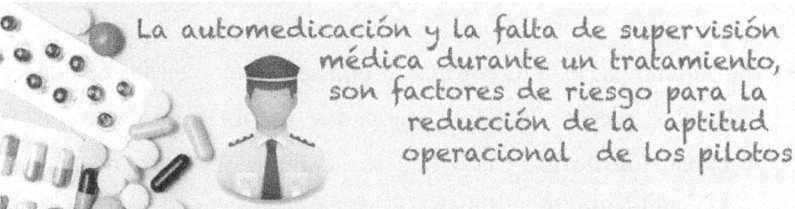

3.4 Caso de estudio: la desorientación espacial y la pérdida de control en vuelo

El 22 de marzo de 2016 la Empresa Helifly de Colombia se encontraba realizando un vuelo de traslado en la ruta Medellín a Montería con un helicóptero Bell 206-B3 matrícula HK-4764. El vuelo se inició en el aeropuerto Enrique Olaya Herrera de Medellín donde la aeronave era tripulada por un piloto, un técnico de vuelo y dos pasajeros.

Aproximadamente 45 minutos posterior al despegue el operador detectó la falta de enlace en el sistema de seguimiento satelital. Al no poder contactar con el helicóptero, se alertaron a los servicios de búsqueda. Minutos más tarde la aeronave fue
localizada accidentada muy cerca del último punto en que la había identificado el sistema de seguimiento. El helicóptero quedó destruido, tres ocupantes fallecidos y uno herido de gravedad.

La investigación del accidente fue realizada por el Grupo de Investigación de Accidentes (GRIAA) de la Aeronáutica Civil de

Colombia. El relato y las enseñanzas del presente suceso esta basado en el informe COL-16-11GIA de ese organismo.

Producto del impacto en una zona montañosa y selvática, la aeronave se destruyó e incendió posterior al impacto.

Vista de la destrucción de los restos principales del helicóptero.

Según consigna el reporte oficial, cuando la aeronave sobrevolaba la zona de Santa Rosa de Osos la ruta comenzó a verse afectada por una considerable disminución de la visibilidad, y por ende, se produjo una gran dificultad para continuar el vuelo en condiciones VFR. En ese contexto la tripulación decidió retornar a Medellín por seguridad.

En parte del análisis se expresa "... *mientras regresaban, el piloto observó un área sin nubes (hueco azul), a mayor altura, tomando la determinación de efectuar un viraje izquierdo en ascenso para así lograr pasar por encima de las nubes, reanudando la intención de continuar el vuelo hasta su destino final. En la ejecución de esa maniobra, se inició el ascenso y se efectuaron algunos virajes, al parecer con el objeto de mantener el vuelo visual. Sin embargo, de acuerdo a las declaraciones del testigo, el piloto ingresó a una zona de visibilidad más reducida y de escasas referencias, hasta encontrarse totalmente rodeados por nubes sin referencias visuales a 11.430 pies de altura...*

...En esta condición, el técnico observó en el piloto una aparente actitud de desorientación espacial, acompañada de movimientos bruscos y continuos de los comandos, llegando a perder el control e iniciando un descenso en espiral y sin control hasta impactar el terreno...".

El informe de investigación expresa que las condiciones meteorológicas en el lugar del suceso mostraban abundante nubosidad baja y bancos de niebla; fenómenos condicionantes para una operación VFR. Además, se desarrollaba un fenómeno convectivo fuerte (desde algunas horas antes del vuelo) que podría producir condiciones de turbulencia severa.

Las conclusiones del informe expresan: "... *la investigación determinó que el accidente se produjo por una pérdida de control en vuelo, precedida por una desorientación espacial, al intentar el piloto continuar un vuelo bajo reglas de vuelo visual (VFR) en condiciones meteorológica adversas, hasta quedar sin referencia visual y en condiciones inadvertidamente por instrumentos, perdiendo el control de la aeronave y precipitándose a tierra de modo abrupto…"*

Es destacable también que la investigación consiga como factor contribuyente la escasa experiencia del piloto, para gestionar adecuadamente las amenazas a las que se enfrentaba en el vuelo que devino en accidente.

Lamentablemente, estos accidentes suceden; no podemos evitarlo en su totalidad. El aprendizaje y la gestión de los riesgos son la vía adecuada para reducir la probabilidad de su ocurrencia. Para cerrar este caso con una enseñanza, nos honra contar con unas palabras del Investigador a Cargo del accidente en cuestión…

"…Un accidente lamentable, un desafió en el proceso para determinar todos factores del sistema que fallaron y condujeron al accidente. Un evento en el cual pereció todo un núcleo familiar, una connotación de supervivencia en uno de sus ocupantes, una presión organizacional y la errónea evaluación del riesgo ante las condiciones meteorológicas en ruta. Este tipo de factores de riesgo continua siendo latente en las operaciones y es lamentable que continúen ocurriendo este tipo de accidentes.

Las compañías aéreas tienen políticas de seguridad operacional muy innovadoras y precisas, dándole a las tripulaciones un símil de "energía o aura de seguridad operacional". El piloto al volar se encontrará aislado de esa "energía o aura de seguridad operacional" y es allí donde entran sus costumbres, su formación, sus hábitos. Quizá la pregunta sería, como actúas, como te comportas operacionalmente cuando nadie te está observando o vigilando?. Es allí donde se irradiará el verdadero nivel de cultura en la Seguridad Operacional de una compañía...".

Julián Eduardo Echeverri - Investigador de Accidentes Aéreos - GRIAA Colombia

3.5 El instinto que mata

El acto reflejo, el instinto de protección y las reacciones automatizadas pueden ser factores que jueguen en contra a la hora de tomar decisiones en momentos críticos del vuelo. En general, puede afirmarse que un piloto promedio transcurre su vida profesional entre grandes intervalos de procesos estandarizados, situaciones previsibles y momento de calma; y un puñado de segundos donde una decisión cambiará para siempre el destino de su vida y la de los potenciales pasajeros que transporte.

Es decir, una vida profesional de extensos momentos de sosiego profesional e instantes de máxima tensión (e incluso miedo), que algunos pilotos ni siquiera han llegado a experimentar en su carrera. Para compensar y controlar esta situación solo existen dos defensas: la tecnología y el adiestramiento. Todas las habilidades y técnicas del vuelo deben ser incorporadas al instinto de protección de los pilotos, solo de ese modo, podrán salir a la luz en esos segundos críticos que muy pocas veces se enfrentan; la clave de ello es el adiestramiento. Naturalmente los seres humanos poseemos mecanismo por los que intentamos protegernos y evadir una situación de máximo peligro, como puede ser la pérdida de control en vuelo.

El ejemplo clásico que puede verse en la gran mayoría de las pérdidas de control en vuelo es el intento de recuperación de la aeronave a través de tirar del mando o intentar ganar altitud rápidamente, luego de la pérdida. Una acción errónea, ¿no? Sin embargo, es la reacción natural que lamentablemente han tenido muchas tripulaciones en momentos críticos. ¿Por qué, por incapacidad para el vuelo? No, en absoluto; existe un contexto operacional y de formación que debe entenderse para poder atacar este problema. En el siguiente gráfico se presentan las variables de confusión más frecuentes en vuelo, en cuanto al control de la aeronave en los momentos críticos.

Un piloto profesional jamás debería subestimar ningún tipo de riesgo; siempre debe recordarse que hasta el piloto más experimentado puede verse involucrado en una situación de diversas característica y peligrosidad.

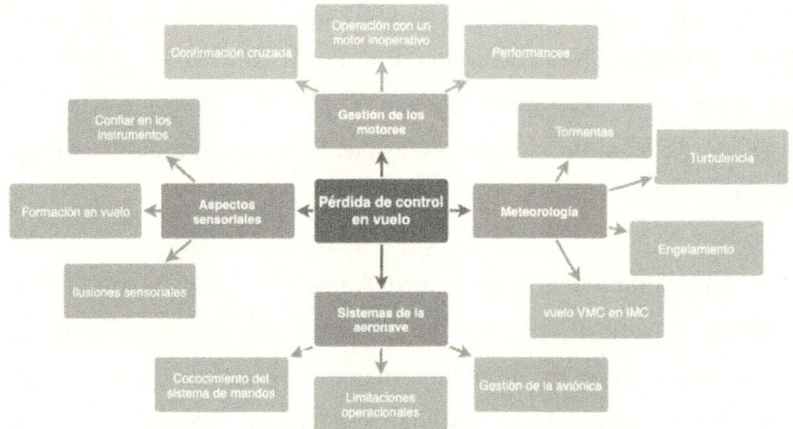

A lo largo de este libro ya se mencionaron las fuentes principales que han generado pérdidas de control que devienen en accidentes. Ahora bien, hagamos un análisis de los peligros conocidos, frente al comportamiento instintivo y complaciente en que incurren las tripulaciones, aún las más capacitadas.

En la figura anterior se expusieron cuatro de las variables de incumbencia más frecuente, a continuación, se expone un detalle más profundo sobre cada una de ellas.

3.5.1 *Sistemas de la aeronave*

Existen una gran cantidad de peligros en cuanto a la aeronave, su performance y equipamiento. Por supuesto que no puede endilgarse el peligro solamente al aspecto tecnológico, sino que el peligro se materializa en virtud de la interface humana que interactúa.

La técnica de vuelo, la complejidad del sistema de comandos de vuelo, las performances propias y la motorización del avión; son algunas de las variables fundamentales que el piloto debe gestionar de modo adecuado, para que la aeronave no sea un peligro en si misma.

Existen momentos específicamente claves con respecto a la aeronave en sí, en la vida del piloto. Esos momentos son las transiciones entre tipos de aeronaves. Habitualmente un piloto se forma con un avión liviano: Cessna 150, Tecnam P2002, Piper PA-11, Piper PA-38, entre otros. Conforme gana experiencia y capacitación, continúa su carrera volando aeronaves de mayor peso, bimotores, etc.

Ahora bien, existen momentos y tipos de aeronaves claves, donde el adiestramiento es fundamental para evitar la pérdida de control, veamos algunos ejemplos típicos de aeronaves complejas en su transición:

- Trabajo aéreo: las operaciones de lucha contra incendio, aeroaplicación, aerofotografía, seguimiento, inspección de líneas de alta tensión, vuelos de prospección petrolífera, entre otros; requieren de un entrenamiento adicional. La tripulación no solo deberá gestionar las variables críticas del vuelo, sino que en este caso la aeronave pasa a ser literalmente una "herramienta", por lo tanto; la atención del piloto se distribuirá entre el vuelo y la tarea específica. Esta duplicidad del trabajo puede generar factores condicionantes del desempeño operacional e inducir a la pérdida de control el avión.

- Aviación agrícola: la transición entre aeronaves con motor recíproco, como los tan usados Piper PA-25 y Cessna 188, a aeronaves turbohélice de altas performances como los Air Tractor 500, Ayres Turbo Thrush, entre otros; suele ser un riesgo en sí mismo. Al ser aeronaves monoposto, la posibilidad de la adaptación en vuelo es limitada.

- Monomotor a bimotor: las primeras horas en el vuelo de adiestramiento en bimotores es clave. La gestión de los recursos de cabina, pasa a jugar un rol preponderante, ya que la tripulación deberá coordinar acciones de modo asertivo que conjuguen navegación, técnica de vuelo, toda la preparación y evaluaciones de las variables de vuelo; y sobre eso, debería "sumarse un motor más". Es decir, rápidamente la ejecución de control de acciones y maniobras de emergencia incrementará la carga de trabajo y las variables a coordinar.

- Aeronaves bimotor turbohélice: la transición de una aeronave propulsada por motores alternativos a un turbohélice, además de considerarse las variables expresadas en el párrafo anterior, poseerá la complejidad de un aumento de las performances. En este caso se trata de aeronaves más rápidas, con motores mucho más potentes; donde las características de ascenso, crucero y demás performances se incrementan considerablemente.

- Aeronaves que requieren técnicas específicas: aquellas aeronaves que poseen sistemas de control específico (uso de spoilerones en lugar de alerones: Mitsubishi MU-2, sin timón de dirección: Ercoupe, etc) requieren de adaptación y capacitación específica para su operación. Es importante rever los requisitos especiales de adaptación que hayan emitido las autoridades de certificación sobre ese tipo de aviones.

3.5.2 Meteorología

A lo largo de este libro se tratan los aspectos considerados como peligros para el vuelo y que afectan directamente a la condición de pérdida de control de la aeronave. Sin embargo, vale destacar aquellos aspectos que, si bien tienen que ver con la meteorología, suelen ser condicionantes en la toma de decisiones o en algunos casos, subestimados y con resultados graves.

- Vuelo IMC en VMC: la valoración de las condiciones meteorológicas y las reglas de vuelo aplicables es un problema que se ha presentado en una gran cantidad de sucesos inseguros. La pérdida de referencias visuales, junto con un entrenamiento insuficiente para el vuelo instrumental son dos variables que se combinan de modo crítico. Ante ello, la mejor defensa es recabar la mayor cantidad de información meteorológica, horarios de crepúsculo y demás condiciones de ruta; con el objetivo de establecer las reglas de vuelo y la aptitud operacional de la tripulación para llevarlas a cabo.

- Engelamiento, turbulencia y tormenta: las consecuencias que generan estos fenómenos meteorológicos ya se expusieron en otros párrafos de este libro. Entonces, lo crítico que debe mencionarse en este apartado es la gestión de la tripulación en cuanto a: velocidad de vuelo frente a estos fenómenos, desconexión, conexión y modo de funcionamiento del sistema de auto pilot (según fenómeno), uso de los distintos sistemas de prevención de la aeronave, toma de decisión en cuanto a la necesidad de utilizar una alternativa, características y velocidades propias de cada tipo de aeronave, entre los factores más destacados.

3.5.3 *Aspectos sensoriales*

El sistema sensorial del ser humano es una de las tantas partes que conforman el sistema nervioso. Esta función del sistema nervioso está compuesta por el campo receptivo o receptores sensoriales y el cerebro. De modo muy sencillo y abreviado: los receptores sensoriales son los responsables de la visión, el oído (y equilibrio), el olfato, tacto, gusto, etc., ellos emiten una señal con una determinada información al cerebro, quién será el que, en función del estimulo y la información previa que tenga, generará una respuesta.

Cada estímulo tiene cuatro aspectos: tipo (modalidad), intensidad, localización, y duración. Los receptores envían impulsos siguiendo patrones para enviar la información sobre la intensidad de un estímulo (por ejemplo, la sensación de inclinación y equilibrio). La localización del receptor será lo que dará la información al cerebro sobre la localización del estímulo (por ejemplo, estimular un mecanismo receptor en un dedo enviará la información al cerebro sobre ese dedo). La duración del estímulo o persistencia del mismo, se transporta hasta los receptores y de allí a los "centros de proceso" del cerebro.

Escanea el código QR y observa el video sobre: ¿Qué es el sistema propioceptivo?

(Video de acceso público disponible en YouTube. Reproducción sujeta al canal de YouTube. Referencias de autor en video).

Entonces, ¿Qué sucede con la multiplicidad de estímulos e información que procesa el cerebro en vuelo? El medio natural del hombre es la tierra, no el vuelo; por lo tanto, para que el cerebro genere respuestas acordes a las necesidades operacionales en virtud de los estímulos que recibe en vuelo, debe existir un adiestramiento y capacitación específica. Cuando los conocimientos no están correlacionados con el adiestramiento de vuelo, las ilusiones sensoriales y el instinto de protección jugarán una mala pasada en momentos críticos de la operación.

Cuando el piloto "hace caso" a las ilusiones sensoriales o se deja guiar por el instinto de protección; es momento donde la condición compleja, comienza a agravarse drásticamente. Veamos los siguientes aspectos de importancia en el vuelo:

Ilusiones sensoriales e instrumental: el cerebro puede jugar una mala pasada y en determinadas condiciones percibir distancia y profundidad de modo inadecuado, como esta ilusión, podría nombrarse una lista muy amplia... Entonces, ¿Cuál es la defensa adecuada? Respuesta simple: el instrumental. El vuelo en condiciones instrumentales requiere de una adaptación y adiestramiento. A continuación, se exponen una serie de ilusiones sensoriales que pueden inducir a los pilotos a incurrir en la pérdida de referencias y posterior pérdida de control de la aeronave.

- Ilusiones sensoriales

Campo visual vacío: esta ilusión óptica se produce especialmente durante vuelos diurnos. Se produce en condiciones de gran altitud, cuando no existe ningún punto de referencia en el que enfocar la vista. En estas condiciones, una mancha del parabrisas o ventanilla puede generar una confusión, donde se visualicen objetos que no lo son. En estas condiciones, si se identifica otro avión éste aparecerá cada vez más lejano haciendo imposible estimar con precisión su velocidad relativa y su tamaño por no poderlo comparar con otra referencia visual. Si bien esta condición puede no ser grave, pero puede generar una distracción o factor condicionante del desempeño operacional.

Ilusión optogiratoria: se trata de ilusión óptica nocturna que se produce principalmente en vuelos a gran altitud y a causa de la curvatura terrestre. En estas condiciones, si se observa la Luna en el horizonte, por debajo del avión, sin cielo estrellado como referencia, puede tenerse la sensación de volar invertido.

Ilusiones ópticas durante la aproximación:

- Neblina: en estas situaciones de falta de visibilidad las referencias visuales pueden disminuir creando la ilusión de que el avión tiende a adoptar actitud de nariz arriba.
- Luces de pista: las luces muy intensas y brillantes se perciben más cercanas que las tenues. Esta condición puede inducir al piloto a una apreciación inadecuada de las distancias y sensación de profundidad
- Agujero negro: en aproximaciones a pistas poco señalizadas, en noches claras y sin horizonte visible, el piloto tiende a volar siguiendo un arco que contacta con el terreno antes que con la pista.

Virajes

Durante los movimientos angulares prolongados de los virajes, las fuerzas de aceleración producen el movimiento del fluido en el interior de los canales semicirculares del oído interno. Sin

embargo, aunque el cuerpo siga experimentando una velocidad angular considerable, el vestíbulo dejará de percibirlo debido al cese de la fuerza de inercia.

Cuando cesa el viraje para recuperar el vuelo nivelado se crea una fuerza contraria que ocasiona que la cúpula interna del canal semicircular se desvíe en sentido opuesto, dando la sensación de experimentar una velocidad de viraje contraria a la inicial. Esta sensación persistirá hasta que la cúpula vuelva a vencer la fuerza de inercia.

Por ese motivo, durante un simple viraje se experimentan dos falsas sensaciones. Primero, la sensación de reposo cuando en realidad se está virando, y después, la sensación de continuar virando cuando en realidad se está en vuelo nivelado.

La mejor defensa ante esta reacción natural e inevitable del oído interno, es la tecnología, acompañada del adiestramiento. El objetivo es que el adiestramiento lleve a que el piloto "confíe" en el instrumental y no en su propio aparato vestibular. Es una reacción que debe estar adiestrada, ya que la acción necesaria para controlar la aeronave, es contraria a la sensación corporal. El manejo de este tipo de ilusiones sensoriales es clave para mantener el control, sobre todo cuando la aeronave se encuentra realizando maniobras de alta performance, o bien, recuperación de actitudes anormales del avión.

Aceleraciones

Durante el vuelo a velocidad constante el piloto experimenta una fuerza vertical debida a la gravedad (peso). Cuando se aumenta la potencia o el empuje (según tipo de aeronave), manteniendo el avión recto y nivelado, aumentará la velocidad y el piloto experimentará una fuerza adicional debida a la inercia. Durante esta fase de aceleración lineal, el sistema vestibular interpretará ambas fuerzas como una resultante, aparentemente vertical, que producirá la sensación de que la aeronave asciende. Si por el contrario, se produce una desaceleración, la sensación será que el avión desciende.

Cuando se producen esos efectos, es vital mantener las referencias visuales y las referencias en los instrumentos del avión. De lo contrario, es muy factible que el piloto genere una actuación inadecuada que ponga en riesgo el posterior control integral del avión.

- Ilusiones sensoriales mixtas

Es la desorientación inducida por la sensación errónea de desplazamiento de un individuo en relación a los objetos circundantes o de dichos objetos alrededor de la persona.

Estos fenómenos están causados por la variación súbita de fuerzas aceleratorias combinadas: lineales angulares y radiales. De ese modo se propician las condiciones para la desorientación. Tal situación puede estar vinculada a varias condiciones de vuelo, como las variaciones rápidas de altitud que pueden producir vértigo de presión debido a la apertura y obturación del oído medio.

También puede causar vértigo un mal funcionamiento del oído interno debido a enfermedad, pudiendo incluso sobrevenir repentinamente al estornudar o al sonarse de forma abrupta la nariz. Se debe a un fuerte cambio de presión en el conjunto rinofaríngeo que resulta tan brusco para el oído interno que éste comienza a enviar al cerebro una sucesión de informaciones erróneas y contradictorias.

El vértigo es una sensación subjetiva, la sensación de estar girando no es real, sólo existe en la conciencia del individuo y nunca ocasiona pérdida de conocimiento. En un momento determinado es importante conocer si el piloto ha sufrido realmente vértigo o si se trata de una sensación de inestabilidad tridimensional (mareo) o de un desvanecimiento.

En cualquiera de las condiciones en que se produzca, el resultado puede producir una incapacitación psicofísica temporaria o incluso permanente del piloto, hecho que conllevaría a la posterior pérdida de control de la aeronave. Debe considerarse que un dolor agudo y constante, puede impedir el normal desempeño operacional de cualquier individuo; obviamente, esto se agrava cuando se trata de vuelos solos o con un solo piloto.

3.5.4 Gestión de motores

La operación de una aeronave y los momentos críticos varían si se trata de una aeronave monomotor o una multimotor. Cuando se trata de una aeronave con un solo motor, la falla de este produce inmediatamente una emergencia, con una técnica específica de resolución y concatenación de acciones cronológicas que deberán resolverse.

En el vuelo de aeronaves bimotores la cuestión es distinta. Si bien se trata de una situación crítica, el avión cuenta (al menos) con un motor más que pude suplir la potencia, parte de ella, necesaria para continuar el vuelo hasta realizar un aterrizaje de modo seguro, con la aeronave controlada. En función de ello, la gestión de los recursos de cabina que realice la tripulación es clave en el control del avión. Las acciones de conformación cruzada, verificación de parámetros y técnica de vuelo con un solo motor operativo, serán las claves para mantener el control hasta llegar a un aterrizaje seguro.

La técnica de vuelo también es clave… una de las preguntas claves en la instrucción de este tipo de vuelo es ¿Se puede realizar un viraje sobre el motor inoperativo? La respuesta no es ni sí, ni no drásticamente. La cuestión es que el viraje sobre el motor inoperativo será una de las decisiones que devendrán de una adecuada gestión CRM.

La teoría y la mecánica de vuelo clásica dirán que la respuesta es un: no. El no, será la conclusión del razonamiento y análisis de la potencial pérdida de control que produciría el viraje. Sin embargo, en caso que sea extremadamente necesario, la aeronave posea la suficiente potencia, para ser intercambiada por velocidad y la actitud de vuelo sea adecuada; el viraje podría ser llevado de modo muy controlado y un cuidadoso uso del timón de dirección, más allá de la aplicación de alerones.

3.6 Escenarios más probables de ocurrencia

Mías allá de la génesis de la pérdida de control o la ocurrencia de maniobras anormales en vuelo, existen una serie de elementos comunes que hacen que estas situaciones presenten una mayor recurrencia y criticidad en las siguientes condiciones:

Vuelos de aeronaves livianas monomotor en condiciones VFR

En este tipo de vuelo es muy frecuente que se produzcan falencias en la planificación de la operación con respecto a la meteorología. Cuando se programan travesías o navegaciones prolongadas, los cálculos de predicción de las condiciones en ruta, como así también los horarios de crepúsculo pueden inducir a la pérdida de referencias visuales de modo muy rápido.

Las travesías VFR en monomotores suelen estar asociadas a pilotos que se encuentran en su etapa de entrenamiento y que no poseen aún los conocimientos y adiestramiento necesario para el uso del instrumental y la resolución de situaciones sin referencias visuales externas.

Vuelos de instrucción

La instrucción es una actividad de docencia que se lleva a cabo a bordo de una aeronave, por lo tanto; son dos actividades complejas en un solo contexto, que per se, es riesgoso. La falta de supervisión en las maniobras, la falta de control en la auto motivación de los nuevos pilotos, el llevar a cabo maniobras por encima del nivel de competencia de la tripulación; son algunos de los denominadores comunes que se encuentran, lamentablemente, en los accidentes por pérdida de control en vuelo que se producen en las operaciones de instrucción.

Vuelos de carga

Este tipo de vuelo se encuentra en un contexto de profesionalización de las tripulaciones, donde las deficiencias operaciones se encuentran mitigadas. Sin embargo, existen otros factores macro operacionales que deben gestionarse, en este caso la carga. Todo problema vinculado con la carga, su estiva, amarre, protección, peso y posición dentro de la aeronave; son un potencial riesgo de corrimiento del centro de gravedad, con las consecuencias de estabilidad que ellos le producen al avión.

Condiciones meteorológicas extremas

El incremento de la severidad de las condiciones meteorológica son un factor de alto riesgo que deberá gestionarse y mitigarse a través de todas las defensas disponibles. Es importante señalar que, la severidad del peligro meteorológico aumenta, conforme el vuelo transcurre en condiciones de nocturnidad.

La falta de referencias visuales, la dificultad para observar el nivel de engelamiento estructural, entre otros factores, agravan el problema y requieren de acciones rápidas y concretas, de acuerdo con el tipo de aeronave que se trate.

Gestión del piloto automático

Tanto la falta de adiestramiento, como el uso inadecuado de los modos de funcionamiento pueden hacer que, una defensa tan útil como es el piloto automático, se transforma en un peligro.

La selección inadecuada de los modos, de acuerdo con las fases de vuelo y la problemática que enfrente la operación; es una de las combinaciones críticas donde la automatización y su falta de gestión, pueden llevar al avión a una maniobra crítica, o incluso, a la pérdida de control.

3.7 *Ejercicio práctico*

Se plantea la situación de vuelo donde un bimotor Aerostar 601 se encuentra tripulado por dos pilotos. Ambos con el mismo nivel de competencia, licencia, habilitación y aptitud operacional. La aeronave se encuentra volando fuera de aerovía con FL 150 y una IAS de 210 kt, distante 110 NM de su destino final.

En esa condición de vuelo, el piloto que no estaba en los mandos detecta una abrupta caída de la presión de admisión del motor izquierdo, al tiempo que se produce una importante oscilación de las rpm de ese mismo motor.

El piloto que detectó la falla, comunicó la novedad al piloto que se encontraba en los mandos y comenzaron con la ejecución de las listas de control de procedimientos correspondientes. Durante ese momento, ambos detectan que la velocidad cayó a 200 kt con una tendencia a seguir disminuyendo. Ambos continuaron las listas vinculadas a la falla de motor… en ese momento, el motor izquierdo se detuvo repentinamente. Por lo que la tripulación centró su atención en esa novedad.

Al tiempo, el motor derecho comenzó con una falla similar y segundos después se detuvo completamente. La tripulación seguía enfocada en el problema de los motores, sin percatarse que la velocidad seguía decreciendo. El piloto en los mandos, incrementó el AOA con la intención de no perder altura. A los treinta segundos de incrementar unos grados más el AOA, la aeronave comenzó a vibrar. La tripulación mantuvo la actitud, mientras que trataba de no inducir ningún viraje para no perder velocidad; hasta que tuvieran ejecutadas todas las listas y las comprobaciones de motor.

Segundos después la aeronave evolucionó en un rolido no comandado hacia la izquierda, con actitud de 40 grados de picada.

En esa situación de vuelo, y en el lugar del piloto al mando: ¿Cuáles serían las acciones y decisiones qué adoptarías?

- Actitud de vuelo ¿Qué y quién debería reconocer el problema y tomar el control?

- Acción y control sobre los mandos de vuelo ¿Qué técnica de vuelo debería aplicarse?
- Comunicaciones ¿Quién y qué debería comunicar?

- Listas y acciones ¿Quién y que debería ejecutarse?

Al hallar las respuestas correctas, se podrá ver un patrón de omisiones en el desempeño operacional, que podrían tener una resolución segura si se aplica la técnica correcta y una adecuada gestión de los recursos de cabina.

Capítulo 4

La pérdida de control: a baja altura o gran altitud

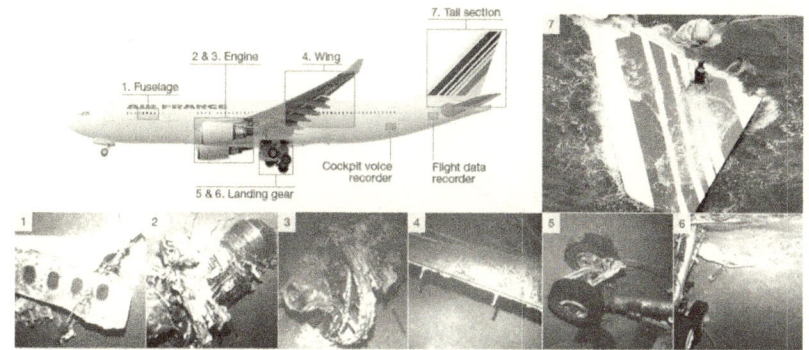

La pérdida de control: a baja altura o gran altitud

4.1 Introducción

Con respecto al vuelo propiamente dicho y con el objetivo de profundizar en el análisis es necesario dividir en dos grandes grupos la condición de pérdida de control: a baja altura y a gran altitud. Esto se debe a que las performances de una aeronave varían conforme aumenta la altitud, entre otras variables. Por otro lado, las maniobras de recuperación, la actitud, y los factores que intervienen en este fenómeno requieren de un análisis en función de la altitud.

En vista de las diferencias y similitudes, trazaremos una línea divisoria imaginaria a los 25000 pies de altitud o FL 250. Desde esa división se desarrollarán los conceptos claves en estas dos circunstancias de vuelo.

Un hecho que debe señalarse también en esta división es el tipo de aeronaves involucradas. Al mencionar el vuelo de gran altitud es necesario aclarar que la referencia directa es a aeronaves, en su mayoría, aviones de transporte, de cabina presurizadas y propulsados con turborreactores o turbohélice. Los aviones livianos y equipados con motores alternativos o recíprocos poseen limitaciones en cuanto a su techo operativo y propulsión que los limitan a operar por debajo de la línea de FL 250.

Comenzaremos desarrollando el concepto de pérdida de control a gran altitud, conocido en la aviación comercial como "*upset*", y que posee características muy particulares en cuanto a su desarrollo y su recuperación "*upset recovery*"; veamos:

4.2 Pérdida de control a baja altura

La condición de pérdida de control a baja altura suele estar asociada, obviamente, a las fases de despegue y de aproximación. También puede darse en operaciones de fumigación aérea, donde por la característica propia del vuelo, transcurre la mayor parte del tiempo a muy baja altura.

El origen aerodinámico ya fue expuesto en párrafos anteriores, por lo que resulta de interés conocer las fases y operaciones críticas donde pueda materializarse la amenaza de la pérdida de control a baja altura.

Como primer concepto relacionado con esa amenaza es importante resaltar que, en esa condición, es muy escaso el margen que tiene una tripulación par resolver la situación. Es vital el rápido reconocimiento de la situación y una asertiva toma de decisiones que permita maximizar el escaso tiempo. Con la aeronave próxima al terreno, aumenta significativamente el estrés de los pilotos y puede condicionar su toma de decisiones. El adiestramiento, la capacitación y el conocimiento de la aeronave y sus performances es crucial en la recuperación de una situación extrema.

En el siguiente esquema matricial se muestran las fases críticas y las dos variables principales que pueden llevar a una aeronave a que se pierda su control. Los hechos mencionados están fundamentados en los análisis estadísticos de accidentes relacionados con la pérdida de control en vuelo en todo el mundo.

	Despegue	Aproximación	Aeroaplicación
Pérdida sustentación	Fenómenos asociados con fallas de motor y posterior intención del retorno a pista. Exceso o sobre rotación.	Maniobras bruscas con exceso de banqueo. Falla de motor y posterior sobre control.	Virajes demasiado escarpados. Falla de motor y sobre control.
Inestabilidad	Ráfagas o efectos del viento. Exceso de peso y corrimiento del CG.	Windshear. Aproximación desestabilizada. Sorecomando de la aeronave.	Exceso de peso. desplazamiento del CG

Matriz de condiciones de pérdida de control a baja altitud.

Como en todo análisis de estabilidad y performances debe tenerse en cuenta el tipo de aeronave, su motorización y estabilidad natural. Es sabido que las aeronaves de ala alta son más estables y controlables, que las de ala baja con cola en "T". En estas últimas intervienen fenómenos de separación de capa límite, sombra aerodinámica en el conjunto de cola, que pueden dificultar la recuperación del avión en situaciones críticas.

Esto no quiere decir que una aeronave sea más segura que otra, pero si refuerza el concepto de estar debidamente adiestrado en el tipo de aeronave, conocer sus características de vuelo, velocidades típicas, etc.

Otro aspecto importante en la seguridad de las operaciones a baja altura es el viento, máxime con aeronaves livianas. Hoy en día existen una gran variedad de aeronaves livianas (*Very Light Aircraft - VLA*) utilizadas para la formación y adiestramiento. En estos casos se combinan los factores que intervienen en la etapa formativa del piloto más una aeronave liviana… es recomendable analizar muy bien las condiciones meteorológicas y de viento previo a la operación.

4.3 Vuelo de instrucción y pérdida de control a baja altura

Como se ha mencionado, los vuelos de instrucción poseen una carga adicional de estrés y amenazas que deben ser gestionadas. La atención que requiere llevar un alumno, estar atento a su instrucción, la preparación del vuelo, la ejecución de cada una de las maniobras y el éxito en sí del propio vuelo; hacen de esto una tarea compleja.

En cuanto al control de la aeronave, todas las variables que se fueron enumerando hasta el momento, más el vuelo de instrucción generan una condición que requiere de la máxima atención y profesionalismo, tanto de la institución a cargo, como de todo el personal y el contexto del vuelo.

A continuación, se expone un caso real, donde un vuelo de instrucción concluyó en una pérdida de control a baja altura debido a la combinación de múltiples factores.

El 26 de octubre de 2014 por la mañana, un Piper PA-38-114 matrícula LV-MXV, despegó desde el Aeropuerto de Santiago del Estero con rumbo a Andalgalá, provincia de Catamarca, Argentina; con el propósito de realizar un vuelo de instrucción. A bordo se encontraban un alumno piloto y un instructor de vuelo.

El vuelo estaba planificado con regreso a Santiago del Estero, con una escala intermedia en Termas de Río Hondo, con el propósito de recargar combustible.

El vuelo transcurrió normal hasta Andalgalá, esta pista se encuentra a una elevación de 951mts sobre el nivel del mar. Allí se preparó el retorno, la aeronave estaba configurada con Flaps retraídos y la temperatura al momento de la operación era de 39.2 C. una vez que la aeronave despegó, no logró mantener un ascenso positivo. Luego de aproximadamente siete minutos de vuelo y de tres giros completos realizados con el propósito de ganar altura, así como para evitar cables de alta tensión, cables de tendido eléctrico doméstico, la ciudad misma y el terreno en elevación, la aeronave se precipitó a tierra una zona cercana al aeródromo y se incendió.

De acuerdo con los hallazgos de la investigación se determinó que: en virtud de la información contenida en el Manual de Operación para el Piloto (*Pilot Operating Handbook, POH*) del Tomahawk, en función de la temperatura ambiente (40°C), la altitud presión (3579 ft) y la intensidad y dirección del viento (extrapolada a 020/22), la distancia que necesitaba la aeronave para completar la carrera de despegue y sobrepasar el umbral de pista opuesto con 50 ft de altura era de 3200 ft. Dado que la longitud de pista de Andalgalá es de 5000 ft, no había limitaciones para el despegue debido a la longitud de la pista.

En virtud del escenario donde ocurrió este accidente, las evidencias encontradas y a los fines didácticos del presente libro, se enumeran los factores críticos presentes en el contexto operacional de este PA-38:

- Operación en aeródromo de altura
- Peso de despegue de la aeronave cercano al máximo
- Temperatura ambiente elevada
- Viento de elevada intensidad
- Cortante de viento
- Turbulencia orográfica
- Visibilidad horizontal reducida por polvo en suspensión

- Horizonte natural de difícil lectura debido al contraste de las montañas en el espectro de 360°
- Despegue hacia un área con pendiente en ascenso hacia arriba
- Percepción visual influenciada por el gradiente, características e irregularidad del terreno.

Si bien se recomienda la lectura completa del presente informe de investigación, es importante remarcar las conclusiones a las que arribó el informe:

"En un vuelo de aviación general de instrucción, en la fase de ascenso inicial luego del despegue de un aeródromo de altura y con elevada altitud de densidad, se produjo la pérdida de control en vuelo de la aeronave y el subsiguiente impacto con el terreno e incendio de la aeronave, debido a la combinación de los siguientes factores:

- *Condiciones ambientales adversas, incluyendo elevación del aeródromo, temperatura ambiente, obstáculos culturales, orografía, y corrientes descendientes producto de la misma.*
- *Desfasajes en la gestión de la trayectoria de vuelo de la aeronave y en la configuración de sus sistemas (sistema de combustible al motor y Flaps).*
- *Falta de información en la documentación disponible a la tripulación que permitiese la correcta valoración de las condiciones ambientales y su impacto en la operación de despegue y ascenso inicial.*

- *Falta de información en la documentación disponible a la tripulación que permitiese la correcta ejecución del procedimiento de corrección de mezcla de combustible al motor."*

Tal como se ha mencionado en los párrafos anteriores, y como puede verse en el presente caso real, la pérdida de control a baja altura es una amenaza crítica, que solo puede ser destinada a través de una planificación adecuada, centrando con todos los elementos tecnológicos, la información necesaria y contando con una adecuada instrucción y/o supervisión.

4.4 Pérdida de control a gran altitud

Para referirnos al fenómeno de pérdida de control de gran altitud, el análisis se fundamenta en el trabajo conjunto de investigación que llevaron a cabo la Junta de Investigación de Accidentes en el Transporte (NTSB) y la Agencia Federal de Aviación (FAA), ambas de los EE.UU. con la colaboración de los principales fabricantes de aeronaves de transporte y líneas aéreas del mundo. El trabajo y el programa de capacitación emanado del mismo fue editado en 2004 y fue llamado *"Airplane Upset Recovery Training Aid"*.

Tal como se mencionó en los párrafos anteriores, las operaciones de gran altitud se considera que son a partir de los 25000 pies. Como es sabido, a medida que una aeronave se aproxima a su techo operativo comienzan a reducirse sus capacidades de control y maniobra. Si se supera el límite la envolvente operacional deja de ser segura y predecible el comportamiento del avión.

Uno de los conceptos teóricos más importantes para considerar en este análisis es la velocidad mínima de resistencia aerodinámica V_{md} (*Minimum Drag Speed*). A continuación, vemos el gráfico que representa la V_{md}, el comportamiento que adoptan las condiciones de resistencia aerodinámica y las dos zonas que se generan.

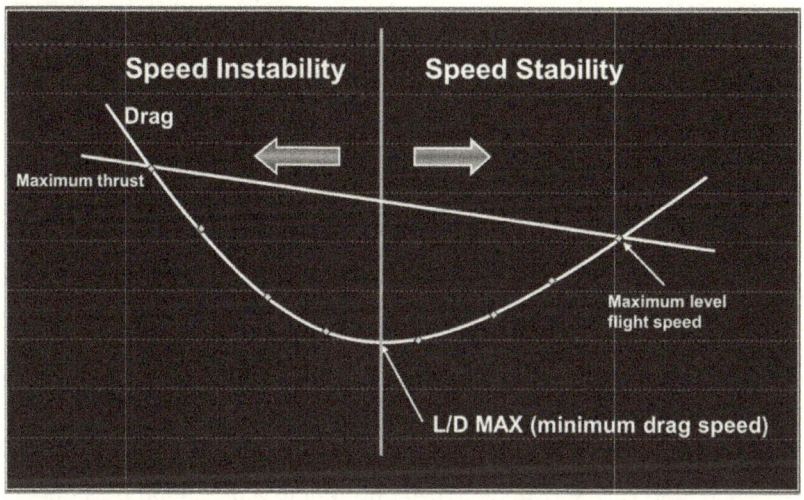

Adaptación del gráfico 33 del trabajo reverenciado de NTSB y FAA.

Tal como se puede ver en el gráfico anterior existe una relación entre la velocidad aerodinámica (eje ordenadas) y la combinación de resistencia y empuje (eje abscisas), con respecto al vuelo de gran altitud. La combinación de baja velocidad aerodinámica, junto con la relación de resistencia y sustentación marcan una frontera conceptual a partir desde donde las velocidades pueden ser estables o inestables para el vuelo. Esta frontera se la conoce como velocidad de mínima resistencia y es la variable que debe analizarse con respecto a las performances a grandes altitudes.

La condición crítica se presenta cuando la aeronave vuela por encima de FL 250 a baja velocidad; esta combinación produce un aumento significativo de la fuerza de resistencia aerodinámica. Si esta situación no es reconocida de modo temprano, la aeronave muy probablemente entrará en pérdida de sustentación y posterior pérdida de control. Los manuales de vuelo de todas las aeronaves de transporte contemplan estas condiciones y colocan defensas para que el vuelo no transcurra más allá de L/D$_{max}$ a gran altitud.

Esta condición también contempla una altitud crítica de seguridad conocida como altitud de *crossover*. Esta altitud es donde una velocidad calibrada (CAS) específica y el valor de match representan el mismo valor de velocidad verdadera (TAS). Por debajo de esta altitud el número de match solo es referencial.

Cuando el vuelo se desarrolla por encima de 25000 pies deberá tenerse muy presente la condición de temperatura exterior del aire (OAT). Si la aeronave experimenta actitudes anormales en estas circunstancias, es una clara señal que se encuentra en una situación marginal; por lo tanto, la tripulación deberá ejercer las siguientes acciones para no llegar a perder el control del avión.

- Reducir la actitud de rolido (nunca deberá superar 10 grados).
- Incrementar el empuje / potencia.
- En condiciones límites podrá aplicarse la el empuje máximo continuo hasta que la aeronave recupere la actitud de vuelo seguro.
- Realizar un descenso suave y controlado hasta que la aeronave se encuentre estable.

A grandes altitudes el margen de maniobra y estabilidad disminuye conforme se alcanza o supera el techo máximo operativo del avión. Es por ello que, ante una situación crítica es necesario desconectar el piloto automático y actuar los mandos aerodinámicos de modo muy suave y controlar la relación empuje / velocidad. En esta condición, es vital que la tripulación considere:

- Considerar el peso y posición del centro de gravedad. Un CG adelantado genera que los mandos aerodinámicos sean más "sensibles", mientras que un CG atrasado induce a una actitud de nariz arriba; la excelencia del CG sobre la envolvente segura inevitablemente produce inestabilidad longitudinal.
- La vibración estructural es la primera alarma "natural" de pérdida que muestra la aeronave. La vibración que experimenta toda la estructura es la antesala de la inminente pérdida de sustentación.
- Siempre debe considerarse que un perfil aerodinámico puede entrar en pérdida de sustentación a cualquier velocidad, altitud y AOA; dependiendo como se combinen estas y las demás variables del vuelo.

- Si el AOA actual es superior al AOA de pérdida del perfil, la aeronave automáticamente estará en condiciones de pérdida de sustentación.
- La acción de los sistemas de seguridad *stick pusher*, *stick shaker* y alarma de pérdida deberán ejecutarse de modo prioritario a cualquier otra actuación o acción.

Ante una situación de pérdida de sustentación y control siempre deberá priorizarse la recuperación de la aeronave antes que la recuperación de la altitud. La clave es incrementar la energía en función de la pérdida de altitud. En base a ese concepto deberán llevarse a cabo una serie de maniobras que posibilitan transformar la condición de descenso en recuperación de sustentación y control. Cuando la aeronave ingresa en la situación de pérdida se produce:

- Alto nivel de vibraciones estructurales.
- Pérdida de control sobre el eje de cabeceo.
- Pérdida parcial de control sobre la actitud de banqueo.
- Pérdida de control sobre el rango de descenso.
- Activación de la alarma de pérdida de sustentación.

Entonces, antes de seguir, marquemos a fuego estos conceptos:

La identificación temprana de la situación es crítica	Solo después de haber recuperado la pérdida de control deberá recuperarse la altitud
El éxito de la recuperación se basa en cambiar altitud por energía	Nunca deberá accionarse palanca atrás ni incrementar la potencia en el primer momento del

Existen distintos contextos operacionales que propician la pérdida de control en vuelo, si los peligros no son gestionados adecuadamente. Tal como se expresó en párrafos anteriores es frecuente que previo a la pérdida de control la aeronave se haya encontrado en una situación de acumulación de hielo estructural, vuelo en tormenta o turbulencia severa, encuentro con vórtices u ondas de montaña, entre otros fenómenos. Estas variables medioambientales provocan una importante pérdida de las performances de la aeronave y sus características aerodinámicas de diseño debido a:

- Variaciones abruptas de la velocidad aerodinámica (corrientes de chorro, turbulencia, vórtices, etc).
- Variaciones abruptas de la actitud (turbulencia, tormentas, vórtices, etc.).
- Aumento del peso y corrimiento del CG.
- Condiciones de exceso de velocidad (corrientes de chorro, tormentas, etc.)
- Fallas técnicas (problemas ocasionados por tormentas, granizo, etc.)
- Falta de respuesta aerodinámica de los mandos de vuelo (engelamiento, vuelo próximo al techo operativo).
- Actuaciones verticales y aumento repentino de la velocidad vertical (tormentas, cortantes de viento).

La combinación de las variables enumeradas, tanto del contexto del vuelo, como de la mecánica de vuelo; darán un resultado catastrófico, a menos que sean reconocidas de modo temprano por la tripulación y se ejerzan las acciones correctas. Las situaciones de pérdida de control con consecuencias trágicas han tenido como condiciones preexistentes a las fallas el reconocimiento tardío por parte de la tripulación.

Escanea el código QR y observa el video de una maniobra de demostración para la recuperación de actitud anormal en vuelo, con un Learjet 35A

(Video de acceso público disponible en YouTube. Reproducción sujeta al canal de YouTube. Referencias de autor en video).

4.5   Pérdida de control a gran altitud inducida por la meteorología: accidente Airbus A330 F-GZCP

El 1 de junio de 2009 la Empresa Air France llevaba a cabo el vuelo regular de pasajeros (AF447) que unía el Aeropuerto de El Galeao de Río de Janeiro, Brasil con el de Charles de Gaulle París, Francia. La aeronave se encontraba a cargo de una tripulación de vuelo y cabina de 12 personas y ocupada por 216 pasajeros a bordo.

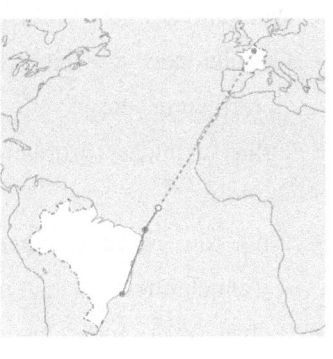

En la figura se observa la ruta de vuelo planificada. En línea de trazo se puede identificar la ruta que efectivamente voló la aeronave. El primer punto rojo muestra el lugar de despegue (31/05 a las 22:30 UTC), el segundo punto rojo muestra la última comunicación de la aeronave con una FIR de Brasil (Fernando de Noronha 01/06 a las 01:33 UTC). El punto blanco muestra el último contacto de la aeronave, ya sin identificación exacta (01/06 a las 02:14 UTC). Poco tiempo más la aeronave perdió el control se precipitó en el océano Atlántico desde una altitud aproximada de 35000 pies.

A las 23:00 UTC la tripulación se comunicó manifestando que se estaba atravesando una zona de turbulencias sin inconvenientes. A las 02:10:05 UTC el piloto automático se desconectó y el modo del sistema de control automático pasó de "Ley Normal" a "Ley Alternativa". Los sistemas de auto alimentación de los motores se desconectaron al cabo de tres segundos. El primer oficial (a la derecha) se hizo cargo de los controles y la palanca de mando.

Ya sin el piloto automático, la aeronave comenzó a alabear hacia la derecha debido a la turbulencia, y el piloto reaccionó desplazando su palanca de mando a la izquierda. Una consecuencia del cambio a la ley alternativa fue un aumento en la sensibilidad de la aeronave a virar, y una sobre corrección por parte del piloto sobre la configuración normal. Durante los siguientes treinta segundos, el avión alabeó alternativamente a la izquierda y a la derecha a medida que el piloto se adaptaba a las características de manejo alteradas de su avión. De modo simultáneo el capitán realizó una actitud de ascenso con su palanca lateral, acción que era innecesaria y excesiva dadas las circunstancias.

En ese momento, la alarma de entrada en pérdida sonó brevemente en dos ocasiones a causa de que se había excedido la tolerancia del ángulo de ataque. En ese momento la velocidad disminuyó rápidamente desde 274 nudos a 52 (KIAS). También se produjo que el ángulo de ataque de la aeronave aumentara; esto generó que la aeronave y comenzara a ascender. Para el instante en que el piloto había controlado el alabeo de la aeronave, la misma se encontraba ascendiendo a un régimen de casi 7,000 pies/min.

A las 02:10:34, tras indicaciones incorrectas durante medio minuto, los instrumentos del lado izquierdo indican un brusco aumento de la velocidad del aire a 215 nudos. El piloto continuó tirando de la palanca atrás. El estabilizador horizontal ajustable asó desde tres grados a trece grados hacia arriba en el lapso de un minuto, y permaneció en esta posición final durante el resto del vuelo de la aeronave.

A las 02:11:10 UTC la aeronave había ascendido hasta su máxima altitud, unos 38,000 pies. En ese momento AOA era de 16 grados, y las palancas de comando se encontraban en la posición de máximo empuje. Instantes posteriores, el ángulo de cabeceo era levemente superior a 16 grados. Una segunda consecuencia de la reconfiguración del sistema de control al pasar al modo de ley alternativa era que la "protección contra la pérdida" no funciona en dicho modo. Mientras que, si se opera con ley normal, las computadoras del sistema de vuelo de la aeronave habrían actuado para evitar tener un ángulo de ataque tan elevado, con ley alternativa esa protección no se encontraba activa. En efecto, la transición a ley alternativa se produjo precisamente porque las computadoras, al no disponer de información de velocidad fiable, no eran capaces de brindar dicho tipo de protección, ni muchas otras funciones disponibles con la ley normal. A continuación, la aeronave entró en una situación de pérdida de sustentación, con la obvia pérdida de control.

En esas condiciones la aeronave cayó de modo incontrolado 35000 pies hasta quedar destruida en el lecho del océano. Los restos principales se encontraron a 3900 metros de profundidad; hecho que dificultó la recuperación de los mismos. Más allá del tiempo que transcurrió hasta la recuperación de los registradores de vuelo (voces y datos), esos equipos resistieron el impacto y la inmersión y posibilitaron la obtención de la información utilizada en el proceso de investigación.

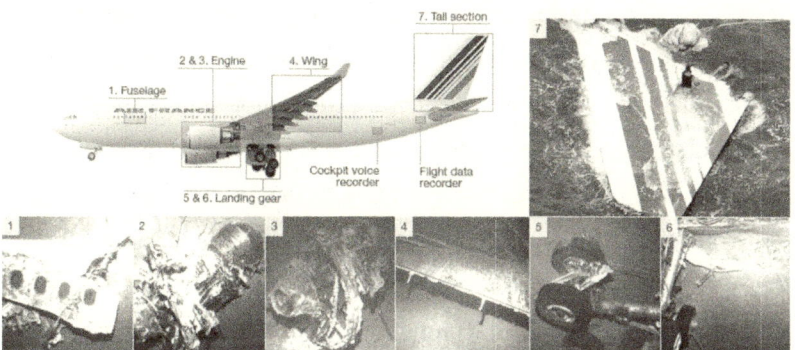

Imágenes de la aeronave en el lecho oceánico provistas por la Agencia Gubernamental de Investigación e Accidentes de Francia (BEA).

La investigación del accidente fue liderada por BEA, con apoyo de la agencia del Brasil y demás agencias y fabricantes involucrados en el suceso. El proceso de investigación fue largo y complejo, se recomienda la lectura completa del informe disponible de modo público en el portal de BEA Francia. A modo de resumen y vinculado al presente libro, se destacan los siguientes hallazgos entre los causales críticos:

Falla en el sistema de tubos pitot: los tubos pitots que equipaban al A330 deberían haber sido recambiados, ya que el fabricante había emitido un documento para el reemplazo de estos componentes, debido a la aparición de fallas aleatorias en los mismos. En este caso, los pitots no fueron recambiados y fallaron durante el cruce de la tormenta. Esta falla produjo que la información de velocidad aerodinámica procesada por los sistemas del avión sea inadecuada. Consecuentemente, también mostraba indicaciones incorrectas a la tripulación.

Gestión de los recursos de la tripulación: de acuerdo con las grabaciones obtenidas del registrador de voces de cabina, los pilotos realizaron acciones de modo autónomo, sin comunicarlas al otro piloto en cabina. En varios momentos se detectaron falencias en la coordinación, asignación de roles y tareas durante el cruce de la tormenta y más aún, en los instantes críticos del vuelo. Se detectaron varios comportamientos contradictorios que profundizaron la situación crítica. La tripulación no fue capaz de anticiparse a la condición de pérdida de sustentación, ni aplicar procedimientos adecuados para la recuperación de la actitud anormal del A330.

Procedimientos estandarizados: parte de la tripulación no siguió los procedimientos normales tras haberse desactivado el autopiloto.

De acuerdo con lo mencionado en los párrafos donde se explicaba el origen de la pérdida de control en vuelo; en este accidente se vieron plasmados al menos cinco factores críticos, veamos:

- El vuelo transcurría en una zona de tormenta.
- El avión se vio afectado a una falla técnica en el sistema de tubos pitots.
- La tripulación no reconoció la criticidad de la situación y la inminente entrada en pérdida de sustentación.
- La tripulación no reconoció las actitudes y sensaciones previas a la entrada en pérdida de sustentación.
- La tripulación no pudo realizar una recuperación efectiva de la pérdida de control en vuelo.

Más allá de los puntos destacados, es probable también que, el alto grado de automatización de la aeronave haya producido un exceso de confianza de la tripulación en la resolución automática de la situación; demorando de este modo la acción sobre el vuelo manual y las técnicas tradicionales de recuperación de una situación anormal.

4.5   La visión de la aviación de transporte y sus defensas

La Asociación Internacional de Transporte Aéreo (IATA, por su acrónimo en inglés *International Air Transport Association*) fue fundada en la ciudad de La Habana, Cuba, en 1945 por parte de 57 miembros (operadores aerocomerciales), pertenecientes a 31 países distintos, en su mayoría de Europa y los Estados Unidos.

La IATA se constituyó en una herramienta organizacional para la cooperación entre líneas aéreas, con un foco especial en cuanto al fortalecimiento económico de los operadores, la fiabilidad, la confianza y la seguridad. El concepto de seguridad de la IATA, inicialmente apuntaba a lo que hoy se conoce como *"security"*; es decir, el objetivo estaba puesto en la protección y estudio contra ataques terroristas, apoderamiento ilícito de aeronaves, entre otros delitos.

Años más tarde IATA también puso su foco en la seguridad de las operaciones y la implementación de un sistema que pudiera contribuir de modo eficaz. Así fue como se creó el Sistema de Auditorías de la Seguridad Operacional de IATA (*IOSA, por sus siglas en inglés IATA Operational Safety Audit*).

Actualmente IOSA se convirtió en un estándar globalizado en materia de seguridad operacional. Cabe mencionar que para diciembre de 2018 el 32% de las líneas aéreas regulares registradas en el mundo ya se encuentran cumpliendo con los lineamientos de las auditorías de seguridad de IOSA. Los fundamentos de las auditorias IOSA se centran en:

- Beneficios en capacitación y seguimiento de la vigilancia tanto para operadores, como para autoridades regulatorias de los distintos Estados.
- Programa de auditorías estandarizado y avalado por IATA.
- Formación de auditores internos y facilitadores de la seguridad dentro de la organización de cada operador aéreo.

- Metodología de auditoría estandarizada, con listas de verificación normalizadas; al igual que el programa universal de seguimiento de la seguridad operacional de la OACI (USOAP).

Con respecto a la temática que aborda este libro, las auditorias IOSA incluyen en sus procesos de verificación y auditoría la problemática de la pérdida de control en vuelo, las actitudes anormales del avión y su recuperación. Para ello, una de las acciones requeridas es el cumplimiento de el programa completo *"Upset Prevention and Recovery Training (UPRT)"* por parte de todas las tripulaciones afectadas a los operadores aerocomerciales.

Específicamente, el programa de auditoría IOSA requiere la verificación del cumplimiento del UPRT a través de su protocolo de inspección de aspectos vinculados con las operaciones (FLT) 13-FLT2.2.17, que requiere: *"Los operadores aéreos deberán asegurarse que todas las tripulaciones cumplan con el programa de capacitación UPRT durante el entrenamiento inicial en tierra y posteriormente durante los entrenamientos recurrentes, como mínimo cada 36 meses, o si correspondiere de acuerdo con el programa de calificación e instrucción continua del operador; acuerde con lo establecido el (FLT) 2.1.1B.".*

4.5.1 El programa Upset Prevention and Recovery Training (UPRT)

Se trata de un programa de capacitación y adiestramiento relacionado con el reconocimiento y la recuperación de maniobras anormales, en aeronaves de transporte. El entrenamiento requiere que los pilotos ya posean su certificación en cada tipo de aeronave específica y potencialidad los conocimientos y habilidades ya adquiridas, junto con técnicas y adiestramientos muy específicos.

Fundamentalmente, el UPRT tiene como objetivo que durante toda la operación (cualquiera sea su condición) no se excedan los valores de actuación (límite de rolido, guiñada y actitud), que antes se mencionaron en el presente libro. En ese sentido, el programa establece cuatro prioridades operacionales para mantener el control de la aeronave en todo momento:

- La primera prioridad es mantener todos los parámetros de vuelo fuera de los valores de excedencia.
- La segunda prioridad es que, en caso de producirse una excedencia, deberá ser identificada y corregida en el menor tiempo posible.
- La tercera prioridad es conocer y comprender los principios y fundamentos aerodinámicos y de mecánica de vuelo que llevan a la aeronave a una actitud a normal, y cómo se aplica la teoría en la práctica para la recuperación.
- La cuarta prioridad es jamás llevar a la aeronave a una situación de pérdida de sustentación.

De acuerdo con los estudios de casos y la comprensión de la mecánica de vuelo de una aeronave de altas performances y gran porte, el inicio de una condición de potencial pérdida de control, da comienzo de modo paulatino y lento. Sin embargo, la pérdida deviene muy rápidamente y suele tomar a la tripulación de sorpresa, cuando la aeronave adopta una actitud de vuelo anormal, violenta y compleja.

En virtud de lo evaluado, se presentan dos focos para atacar la problemática. Primero, las acciones correctivas necesarias deben ser rápidas y asertivas; por lo tanto, se requiere su instrucción y adiestramiento en simuladores de vuelo de movimiento completo. Segundo, todos los pilotos en instrucción e instructores deben conocer las limitaciones de los simuladores en cuanto a la reproducción fidedigna de las actitudes de vuelo y el comportamiento de la aeronave ante la técnica de recuperación.

Un ejemplo de esta problemática tecnológica se puede ver en la mayoría de los entrenadores terrestres de aeronaves turbohélice como el ATR 72, Saab 340, Dash 8, entre otros. Como se menciona en el apartado de meteorología, las aeronaves turbohélice tienen la particularidad de volar gran parte de la fase de crucero en los niveles de vuelo donde suelen encontrarse la mayor cantidad de fenómenos meteorológicos adversos para el vuelo: tormentas, lluvias y condiciones de engelamiento. El vuelo próximo a la isoterma de cero grados (varia su altitud según estado climatológico y zona geográfica), con condiciones de humedad y formación de hielo; general que esos tipos de aviones deban disponer de gran cantidad de sistemas y defensas ante el fenómeno de engelamiento. Sin embargo, los simuladores de vuelo donde se adiestran las tripulaciones no poseen la capacidad de recrear de modo fidedigno la actitud del avión ante la acumulación de hielo.

La mayoría de esos entrenadores reproducen las condiciones de vuelo en hielo a través del aumento de peso y una pequeña variación del ángulo de ataque de la aeronave. Sin embargo, no son capaces de simular las condiciones de bloqueo de los mandos aerodinámicos por acumulación de hielo, acumulación de hielo asimétrica, entre otros problemas que genera el engelamiento. Del mismo modo sucede con la recuperación de la maniobra, al solamente estar simulado el aumento del peso, el resto de las variables aerodinámicas son despreciadas; hecho que puede no reproducir la actitud real de la aeronave en esas condiciones.

Por lo tanto, el entrenamiento en simulador no es la única defensa, ni mucho menos, la defensa infalible para el adiestramiento. Es una herramienta más, solamente.

Dentro de la industria de la aviación, todavía existen opiniones divergentes sobre las técnicas de recuperación apropiadas para las actitudes anormales. En caso de una pérdida de control, las tripulaciones de vuelo deben usar solo las técnicas recomendadas por el fabricante y el operador de la aeronave. Sin embargo, la comprensión de los principios involucrados puede proporcionar una base útil y este es el objetivo de esta breve nota sobre el tema.

Cualquiera sea la causa de la pérdida de control, la recuperación debe comenzar lo antes posible, utilizando las entradas de control de vuelo correctas, es decir, aquellas que provocarán la recuperación sin causar daños estructurales a la aeronave, lo que podría dificultar o imposibilitar el control adecuado. La recuperación mal administrada puede conducir fácilmente a otra maniobra o actuación (no comandada) diferente desde un vuelo totalmente controlado, que puede ser más grave que el "evento" anterior. La clave para la recuperación es el director de vuelo o similar (según tipo de aeronave). La mayoría de los aviones de pasajeros y de carga tienen un campo de visión restringido. Por ejemplo, a más de 25 grados hacia arriba, la vista probablemente sea solo del cielo. En el caso de la nariz hacia abajo, a más de 10 grados de inclinación, es probable que la vista esté restringida al suelo. Por lo tanto, puede ser difícil o incluso imposible ver el horizonte natural y utilizarlo como referencia.

En 2013 la OACI difundió un documento a las distintas autoridades aeronáuticas del mundo, con una recomendación sobre seguridad, en la que se hizo referencia al *"intercambio de energía"* como fundamento de la recuperación de la pérdida de control.

La recuperación de la actitud anormal de la aeronave se fundamenta en la pérdida de altitud, con el objetivo de ganar velocidad. Es decir, el intercambio de energía potencial, por energía cinética. La transducción de los tipos de energía permite transformar la energía potencia que tiene el avión en su vuelo normal, hasta el momento de la pérdida; en movimiento acelerado (actitud de picada) que permita incrementar, en poco tiempo. la fuerza de sustentación.

También debe recordarse que la gran mayoría de las aeronaves de más de 5700 kg de peso máximo de despegue poseen instalados sistemas de defensa de tipo *stick shaker* y *stick pusher* que induce mecánicamente a los mandos del avión para generar una actitud repentina de picada ante la pérdida de sustentación. Estos sistemas evitan la reacción defensiva normal (por falta de adiestramiento) que consiste en tratar de controlar el avión intentando nivelar alas y actitud de pitch positivo.

De acuerdo con el programa de adiestramiento del UPRT la técnica secuencial de la recuperación de la maniobra anormal, consiste de los siguientes pasos cronológicos (*las acciones, instrumentos, velocidades y performances deberán ser interpoladas al tipo específico de aeronave*):

- Verificación inmediata de la actitud del avión, a través del director de vuelo, pantallas primarias de vuelo o instrumentos similares.
- Comparar la actitud de vuelo identificada, con la velocidad indicada, altímetro y variómetro o indicador de aceleración vertical.
- Evaluar el estado de energía actual y condiciones de energía disponible del avión.
- Si el piloto automático aún está conectado, desconectarlo inmediatamente.

- Si estuviese activado el control automático de empuje, deberá pasarse a control manual.
- Si están desplegados los frenos aerodinámicos (u otras superficies que generen resistencia), deberán retraerse.
- Es conveniente reducir la potencia, hasta tanto la maniobra se haya recuperado.
- No deberá intentar recuperarse la actitud de Pitch positivo, hasta que la maniobra no sea recuperada completamente.

Si se aplican estos conceptos y secuencia de acciones a una aeronave liviana, de instrucción, por ejemplo, las acciones serán mucho más simples y básicas. Ante la entrada en pérdida y barrena, el piloto debería (en general, deberá interpretarse para cada tipo de aeronave y performance):

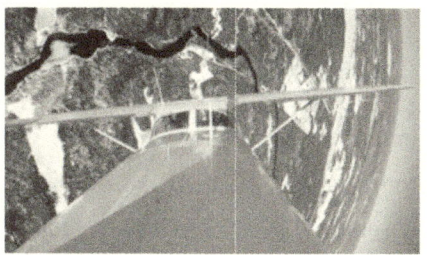

- No deberán buscarse referencias visuales fuera de la cabina de vuelo.
- Identificar rápidamente la actitud del avión con la posición del horizonte artificial.
- Reducir la potencia a ralentí.
- Soltar los comandos o bien aplicar actitud de nariz abajo, sin tocar alerones ni pedales.
- Cuando la aeronave haya dado entre uno a medio giro de barrena, comenzará a recuperar la actitud de vuelo recto y nivelado por

si sola (la mayoría de los aviones de ala alta adoptan esta actitud rápidamente).
- Solo con la aeronave controlada y con actitud nivelada, si podrá corregir con alerones y volver a aplicar potencia.

Ahora bien, uno de los puntos más destacados en el reconocimiento y la recuperación es adiestrar a las tripulaciones en las sensaciones y actitudes que generará el avión. Para ello, es fundamental conocer los siguientes aspectos:

Factor sorpresa o sobresalto

Como se mencionó, la aeronave ingresa paulatinamente en condiciones de generar una maniobra anormal, sin embargo, se manifiesta de modo repentino. Esto genera sorpresa en la tripulación, toma a los pilotos desprevenidos; hecho que puede provocar un desconcierto en la cabina en los primeros segundos. La celeridad y rapidez del reconocimiento es directamente proporcional a la efectividad de la maniobra de recuperación.

Por lo tanto, el adiestramiento también requiere que la rápida respuesta sea asertiva y controlada. Sin sobresaltos excesivos o situaciones de nerviosismo que produzcan la pérdida de valiosos segundos entre el reconocimiento y el inicio de la secuencia de acciones de recuperación.

Incremento de la fuerza sobre los mandos aerodinámicos

Cuando la aeronave ingresa en una condición aerodinámica anormal, la respuesta de los mandos aerodinámicos ya no será la misma. Los mandos tenderán a "endurecerse", por lo que el control en el vuelo manual será más complejo.

La necesidad de desconexión del piloto automático, se traducirá en que la tripulación será la que deba ejercer la fuerza de control (de acuerdo al sistema de comandos, pero de ese modo se presenta el fenómeno en la mayoría de las aeronaves).

Un aspecto muy importante a destacar con respecto a los mandos es que, si la aeronave posee instalado un sistema de *stick pusher* o *stick shaker*, no deberá contraponerse el movimiento de esos sistemas en ningún momento. Es decir, el control inicial del avión lo tendrá la actitud de nariz abajo que induce el *stick pusher*. Luego de su desactivación autónoma, si la tripulación restituirá el control a través de sus propias acciones sobre los comandos.

Posición y actuación de los compensadores

Tal como se explicó, el ingreso a una situación de pérdida de control es paulatino, hasta un punto donde la aeronave pierde el control definitivamente. Durante el período de tiempo que la aeronave agrava su situación, es muy probable que el piloto automático haya intentado compensar las actuaciones y estabilidad de la aeronave. Por lo tanto, una vez que se produzca la maniobra anormal y su posterior recuperación, es muy probable que el sistema de *trim* no se encuentre en la posición que debe estar.

El estado inadecuado de compensación, puede generar dificultad en el control del avión. Es necesario comprobar la posición del mando de *trim* inmediatamente que se haya recuperado la maniobra anormal. Esto propiciará un mejor control y estabilización en menor tiempo.

Respuestas contra intuitivas

Las actitudes intuitivas en cuanto a la recuperación de la maniobra anormal pueden devenir en una pérdida total de control con consecuencias trágicas. Las tripulaciones deberán evitar las acciones intuitivas o de "defensa natural".

Todas las maniobras que deberán ejecutar, son las que se hayan adiestrado para el tipo de aeronave. No es una tarea sencilla, ya que instintivamente es muy probable que el piloto induzca la acción inversa, producto de la respuesta defensiva de su cerebro. Sin embargo, la única manera de recuperar una situación crítica de modo exitoso, es a través de la aplicación de las técnicas específicas que se hayan impartido en la instrucción y adiestramiento.

Aceleraciones y factor de carga

Ya sea al recuperar de una pérdida o en un viraje escarpado, el AOA aumenta y la velocidad de pérdida asociada aumenta, consecuentemente. En ambos casos, tirar abruptamente de los mandos puede aumentar instantáneamente la aceleración a 2 G, por lo que también, aumenta la velocidad de pérdida en un 41% aproximadamente (dependiendo del perfil aerodinámico). La acción de recuperación debe lograrse primero el nivel de las alas y luego aplicando 'g' (en algunos aviones volando por cable, la autoridad de control de balanceo puede inhibirse o limitarse mientras se tira 'g' para respetar los límites estructurales). Según el tipo de actuación y maniobra, puede ser necesaria una acción de G negativa. No debería ser necesario reducir G más allá de cero G. La G negativa crea un entorno desconocido en el que los pilotos estarán "flotando" contra sus arneses y puede resultar difícil alcanzar los pedales del timón si no se ajustaron previamente correctamente.

Aeronaves con motores bajo el ala

En las aeronaves equipadas con motor bajo el ala, como la mayoría de los aviones de transporte actuales, pueden generar una actitud de cabeceo, al modificarse el empuje de motores de modo drástico. Esto produce un momento de fuerzas que induce la actitud de nariz abajo. Asimismo, también es importante recordar que, a pesar de ser contra intuitivo, el aplicar mayor empuje en los motores antes descritos, incrementará el AOA; hecho que puede perjudicar en el control del avión.

También es importante recordar que en una condición de un AOA muy elevado pueden presentarse pérdidas de empuje en los motores, hasta incluso producirse efectos de *sourge*, bombeo pérdida de relación de compresión en las etapas de compresor del motor.

Capítulo 5

La meteorología como factor concurrente en la pérdida de control en vuelo

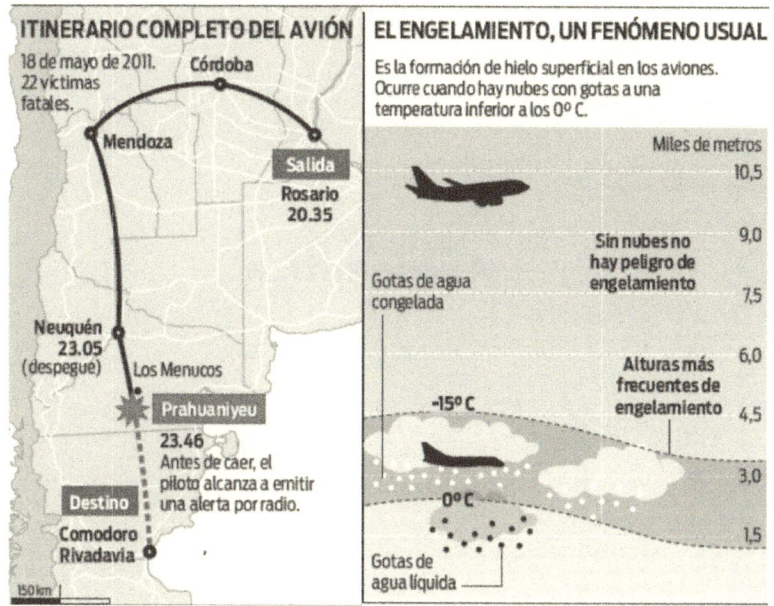

La meteorología como factor concurrente en la pérdida de control en vuelo

5.1   Introducción

La meteorología es una amenaza que debe ser evaluada en todas las operaciones de vuelo. Obviamente, los humanos no podemos modificar la atmósfera, pero sí tenemos las herramientas necesarias para conocer su comportamiento y predecir su evolución en las próximas horas.

Ahora bien, sabemos que la meteorología es una amenaza en las operaciones. Particularmente, en este libro analizamos el fenómeno de pérdida de control en vuelo; por lo tanto, primero identificaremos aquellas amenazas meteorológicas que tengan relación directa con la pérdida de control y luego se analizarán de modo individual. Veamos en el siguiente gráfico los distintos tipos de fenómenos.

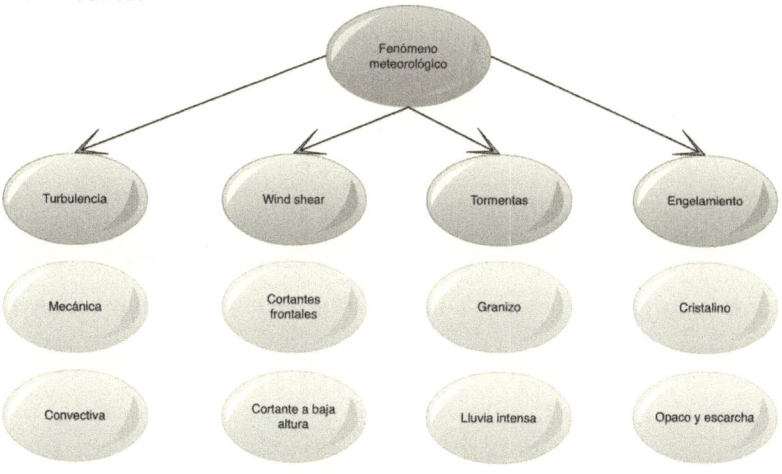

5.2 Turbulencia

Los procesos turbulentos pueden clasificarse de acuerdo con su origen y desarrollo, como así también de acuerdo a la intensidad. Al fenómeno de turbulencia lo analizaremos del siguiente modo:

- Mecánica: es un fenómeno de perturbación de la masa de aire en movimiento que se produce por el rozamiento contra obstáculos en el terreno (edificaciones, perturbaciones etc.). La presencia de cuerpos sólidos ante el pasaje del flujo de air, perturban las condiciones de las distintas capas del flujo, transformándolo en turbulento.

- Convectiva o térmica: es el proceso de alteración de la masa atmosférica debido a los cambios de temperatura. Es un fenómeno típicamente diurno, que se genera por el paso de aire frío sobre una masa de aire cálido. Ante esas condiciones, la masa de aire produce movimientos internos de convección, que dan lugar al desarrollo de turbulencias de distinta intensidad. Este fenómeno suele estar asociado a las "turbulencias en aire claro (CAT)".

- Frontal: es un proceso de alteración de la masa de aire debido al paso de un frente frío con desplazamiento veloz, que produce ráfagas de gran intensidad que perturban adversamente la masa de aire.

A los fines del presente libro y análisis es necesario señalar que, el fenómeno de CAT suele darse en los niveles más altos de la atmósfera; según datos de la Agencia Federal de Aviación de los EE. UU. el 70% de los procesos de CAT que produjeron incidentes de aviación se desarrollaron en torno a los 30 000 pies de altura, y estuvieron asociados a la proximidad de corrientes de chorro de aire frío.

La turbulencia también debe clasificarse de acuerdo a su intensidad y su peligrosidad para las operaciones.Internacionalmente, la categorización aplicada es la siguiente:

- Ligera o leve (grados 0 o 1): grado 0, la aeronave se ve sometida a oscilaciones aleatorias muy leves. Grado 1, la aeronave se somete a golpes laterales frecuentes de media o baja intensidad, junto con un ligero balanceo; esta condición puede requerir acción de corrección sobre los mandos aerodinámicos (correcciones de la tripulación o piloto automático). No se producen daño alguno a la aeronave.

- Moderada (grado 2): la perturbación de la atmósfera obliga a la aeronave a apartarse de la línea de vuelo, que combinan la acción del alabeo –rolido- y cabeceo. Pueden presentarse movimientos verticales bruscos aleatoriamente. Se requieren correcciones sobre los mandos de la aeronave, para conservar las condiciones de vuelo.

- Severa (grado 3): la atmósfera se encuentra en un estado extremo de perturbación turbulenta de la masa de aire, que produce alteraciones bruscas de la actitud de alabeo –rolido- y cabeceo de la aeronave. Los movimientos de perturbación se combinan con violentas actuaciones sobre el eje vertical de la aeronave que producen ascensos y descensos repentinos e incontrolados. Pueden producirse daños de variada severidad sobre la estructura y sistemas del avión.

Entonces, ahora que ya conocemos las particularidades de la turbulencia, vinculemos cada uno de estos conceptos a los criterios de estabilidad y control del avión. Primero, pensemos *¿Cuáles con las variables que se ven afectada por la incidencia de una masa de aire cambiante y turbulenta?*

- Actuaciones del avión no comandadas.

- Movimiento brusco de la masa de aire que puede modificar significativamente la velocidad aerodinámica.

- Aumento significativo y aleatorio del factor de carga.

- En caso de no ser prevista por la tripulación, puede generar una confusión y problemas en la gestión de cabina; incluso puede provocar lesiones a la tripulación si la turbulencia es severa.

- Daños en el avión, en caso de turbulencia severa.

5.3 *Tormenta*

Son fenómenos meteorológicos que se generan por el encuentro de dos (o más) masas de aire con diferentes temperaturas, presiones y contenido de humedad. Se caracterizan por producir actividad eléctrica (rayos y truenos), como así también precipitación de distintos tipos e intensidad. Cuanto más son los movimientos de convección de las masas de aire, más alta se desarrolla la nubosidad y mayor será el índice de precipitaciones y severidad de la tormenta.

La actividad Convectiva de las tormentas está signada por la presencia de cúmulos nimbo (y sus distintas variantes), que pueden alcanzar niveles de tropopausa con más de 10 km de desarrollo vertical. Las tormentas poseen un ciclo normal de desarrollo de tres instancias: formación, madurez y final. Este tipo de fenómeno se caracteriza por la presencia de precipitaciones de distintos tipos e intensidad, de acuerdo con el siguiente detalle.

- Llovizna: es una precipitación de gotas diminutas generada en capas bajas de la atmósfera. Puede estar acompañada de niebla y suele ser un factor de restricción de la visibilidad en vuelo.

- Lluvia: es una precipitación directa de gotas de agua. La intensidad y caudal dependen de la acumulación de humedad de la tormenta y la altura de los topes nubosos. Puede o no constituirse en un factor condicionante de vuelo, según la intensidad.

- Llovizna helada o engelante: es una variante de la llovizna, donde las gotas se encuentran a una temperatura subenfriada, por lo que al contacto con una superficie sólida se transforman en cristales de hielo. Es un tipo de precipitación que puede condicionar la seguridad de las operaciones, debido a la contribución que genera en el fenómeno de engelamiento o formación de hielo estructural.

- Granizo: es el fenómeno de precipitación de hielo, en forma irregular o de esferas. Las dimensiones e intensidad de la precipitación dependen de la actividad de la tormenta y la cantidad y altura de los topes nubosos que la forma. El granizo suele ser un factor que afecta adversamente las operaciones aéreas, produciendo importantes cantidades de daños a las aeronaves, con consecuencia de variada criticidad.

- Nieve: es la precipitación de cristales de hielo blancos o traslúcidos; suelen precipitar aglutinados formando copos. Las nevadas suelen presentarse con temperaturas atmosféricas por debajo de los 5° C.

- Aguanieve: es la precipitación de nieve que contiene un alto porcentaje de agua en estado líquido. Debido a la escasa intensidad y la presencia de temperaturas próximas al punto de fusión; los cristales de hielo no llegan a aglutinarse y se disuelven durante la precipitación.

Según estudios realizados por el centro de investigación aeroespacial de la *NASA Langley Research*, se ha determinado que una precipitación severa de entre 100 a 1000 mm/h puede reducir el C_{Lmax} entre un 7 a un 29 % y el ángulo de ataque de entrada en pérdida entre 1 a 5°; además, la resistencia puede aumentar entre un 2 a un 5 %. En caso de presentarse estas condiciones de tormenta extrema, deben considerarse los siguientes aspectos como contribuyentes una probable pérdida de control de la aeronave:

- El movimiento del agua sobre la superficie alar, puede alterar las condiciones de rugosidad aerodinámica del perfil.

- Pueden producirse pequeños incrementos temporarios de peso por la acumulación de agua (esta condición es crítica en aeronaves livianas, no así en las de gran porte).

- La caída copiosa de agua en el perfil aerodinámico puede alterar momentáneamente la posición del centro de presiones.

- Pueden presentarse condiciones de asimetría de fuerzas aerodinámicas (en vuelo recto y nivelado), debido a la caída diferencial de agua en un ala respecto de la otra.

- Deben considerarse las limitaciones de la aeronave (según su tipo y categoría) y las acciones que se requieren para atravesar zonas de fuertes lluvias (ref. conexión del sistema de potencia auxiliar -APU- en modo continuo al atravesar la tormenta, entre otras acciones preventivas).

5.4   Engelamiento y acumulación de hielo

El engelamiento o formación de hielo estructural es el fenómeno termodinámico por el que se produce el congelamiento de las gotas de humedad presentes en la masa de aire, que impactan la aeronave en vuelo. Para que se produzca la formación de hielo estructural, la aeronave debe encontrarse dentro de capas nubosas donde la temperatura se encuentre próxima o por debajo de los 0° C. A partir de los 0° y hasta los -15° a -20° C, la nubosidad con contenido de humedad, genera las condiciones más propicias para la formación y acumulación de hielo. Existen factores que contribuyen aún más en el fenómeno, ellos son:

- *Diámetro de la gota*: conforme varía y disminuye el tamaño de las micro
- gotas de humedad suspendidas en la masa nubosa, aumenta la criticidad del fenómeno. El tamaño de las partículas de agua también determina qué tipo de hielo se forma (ver en tipo de hielo).

- *Contenido y densidad de la humedad*: provee información acerca de la velocidad de formación y progreso del engelamiento.

- *Factores de la aeronave*: la temperatura del fuselaje y las distintas partes expuestas de las aeronaves puede influir adversamente o evitar la acumulación de hielo. Las performances de las aeronaves, su diseño (X) y el del perfil aerodinámico también pueden ser factores que contribuyan al rápido progreso del fenómeno.

- *Planificación del vuelo*: la evaluación de las condiciones atmosféricas es un proceso que debe realizarse con mucha cautela antes de las operaciones. La mejor defensa de la aeronave contra la formación de hielo, es conocer las condiciones de ruta y planificar previamente todo el desarrollo del vuelo.

De acuerdo a las variables atmosféricas, el fenómeno de engelamiento tiene la particularidad de poseer tres variantes o tipos de hielo, ellos son:

- *Hielo cristalino* (*glaze*): es el tipo de hielo que se genera a través del impacto de la gota con la superficie de la aeronave. Tras el impacto, la gota se congela de forma gradual; lo que progresivamente forma una capa de hielo sólida. Esta variante se genera dentro de un rango térmico de 0 a -10° C. El hielo que se acumula posee un aspecto traslúcido, brillante y vidrioso. Este fenómeno, debe considerarse como un factor crítico, ya que posee una velocidad rápida de crecimiento y afecta la forma del perfil aerodinámico, las superficies móviles de mando, sensores de sistemas, entre otros.

- *Hielo opaco* (*rime*): este fenómeno se produce por el impacto de microgotas de agua subenfriadas, que se congelan de modo instantáneo al hacer contacto con la superficie de la aeronave. El desarrollo se produce en un rango térmico de entre -10 a -20° C. Posee un progreso algo más lento que en el caso anterior y se encuentra condicionado por la característica de baja adherencia del hielo a la superficie.

- *Escarcha* (*frost*): es el proceso de acumulación que se presenta cuando la aeronave está en tierra. Es un fenómeno de adherencia media que se presenta en zonas muy frías, donde la humedad acumulada durante la noche, se congela sobre la superficie de la aeronave.

La acumulación de hielo afecta las performances de vuelo ya que, por un lado, produce un aumento de peso, variación de la posición del centro de gravedad y aumento de la resistencia aerodinámica (parásita e inducida).

Cuando las condiciones de formación de hielo son severas, la acumulación bloquea el movimiento de las superficies móviles de mando (alerones, timón de profundidad, compensadores, etc.), provocando la pérdida de control aerodinámico de la aeronave. El engelamiento también produce aumento de consumo de combustible, pérdida de tracción en las hélices por detrimento del perfil aerodinámico alterado en su forma por el hielo, inutilización de antenas, sensores, tomas estáticas y tubos pitot.

Para mitigar los riesgos de la formación de hielo es conveniente conocer las zonas de desarrollo frontal y ubicación de la nubosidad cumuliforme de gran desarrollo vertical. También es importante conocer si existen zonas de lloviznas engelantes, como así también de todo otro tipo de precipitación.

Con respecto a la certificación de las aeronaves cabe señalar que, la FAR 23.1419 establece los lineamientos técnicos de certificación para el vuelo en condiciones de engelamiento destinados a la aviación general; por su parte, la FAR 25.1419 establece los requisitos de certificación para aeronaves de transporte de más de 12500 libras de peso máximo de despegue. Es importante señalar que el Apéndice C de la norma de certificación FAR 25 está dedicada íntegramente a establecer las condiciones en que las aeronaves de transporte pueden o no volar en condiciones de formación de hielo, los límites, sistemas de protección, etc.

En el gráfico que se muestra a continuación se observa el comportamiento de los dos coeficientes aerodinámicos más importantes del perfil alar. A continuación, se exponen algunos párrafos de interés, extraídos del libro De Santis, A. *"Seguridad Operacional e Investigación de Accidentes de Aviación"* Ed. Garceta, 2016, Madrid. "…*se valoraron de modo genéricos tres condiciones, de acuerdo a lo expresado en la norma mencionada en los párrafos anteriores, donde se representaron coeficientes de fuerza de sustentación y resistencia aerodinámica en condiciones de perfil limpio, perfil con contaminación moderada y perfil con contaminación severa. El gráfico no responde a un tipo de perfil aerodinámico específico, sino que es la interpretación de la condición que se produce en cada uno de los casos y debe ser tenido en cuenta en el análisis del comportamiento aerodinámico y performance de vuelo.*

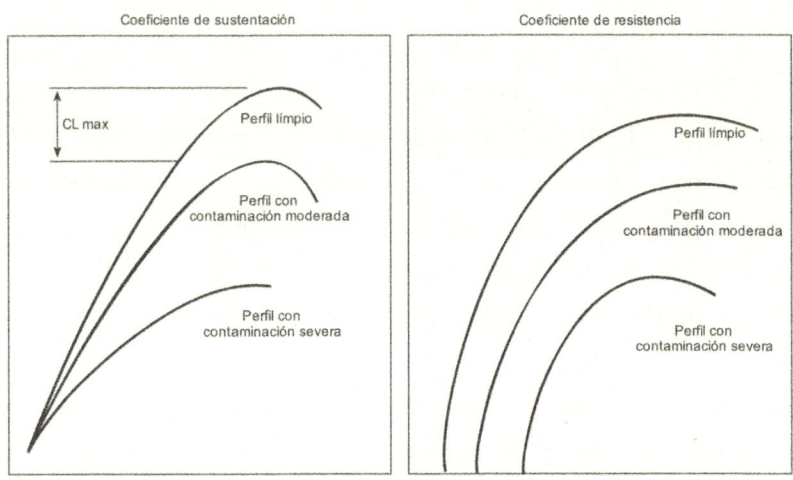

Comportamiento de los coeficientes de sustentación y resistencia de acuerdo con una supuesta acumulación de hielo (simulada)

La actuación de los sistemas de protección ante la formación de hielo que poseen las aeronaves, son efectivos siempre y cuando se respeten los modos de operación de los mismos y las limitaciones establecidas en cuanto a la severidad del fenómeno. El uso impropio de las defensas puede generar en la tripulación una expectativa de "solución" del tema, cuando en realidad; el fenómeno continúa progresando.

Uno de los ejemplos más claros es el "puente de hielo" (ice bridging); se le da este nombre al proceso de formación y *acumulación de hielo por encima del alcance de protección. Los bordes de ataque flexibles son un dispositivo neumático ubicado en el límite delantero de las alas y conjunto de cola, que se infla y desinfla alternadamente, fracturando y expulsando el hielo que de modo progresivo se acumula.*

Cuando se forma una capa de hielo más allá del alcance de expansión del sistema neumático de protección, este no llega a romper el hielo acumulado, solo se infla y desinfla dentro de la formación de hielo del borde de ataque. Este fenómeno puede producirse por un accionamiento tardío del sistema de protección de hielo o bien, cuando las condiciones de formación de hielo son severas y restrictivas para la operación."

Resumiendo lo expresado en los párrafos anteriores, es de máxima importancia en la seguridad de las operaciones considerar los siguientes aspectos a la hora de realizar una identificación de riesgos y evaluación de peligros relacionados con el engelamiento estructural:

Existen tres condiciones de engelamiento posibles: leves, moderadas y severas. Las aeronaves y sus sistemas de protección sólo son efectivos en condiciones leves y moderadas. Ninguna aeronave debería volar un tiempo prolongado en condiciones de engelamiento severo.

- La acumulación de hielo produce aumento de peso, bloqueo de mandos aerodinámicos y detrimento de las características aerodinámicas.

- Una aeronave en condiciones de engelamiento severo puede entrar en una pérdida de control repentina, donde la tripulación se vea impedida de realizar maniobras defensivas debido a la falta de respuesta aerodinámica de los mandos.

- El aumento de peso que ocurre en condiciones de acumulación de hielo puede generar un corrimiento del centro de gravedad de la aeronave, hecho que aumenta el riesgo de disyunción de control y estabilidad del avión.

- Para el vuelo en condiciones de engelamiento siempre deberá consultarse el manual de vuelo de la aeronave ya que existen variaciones en las velocidades de mínimo control en vuelo, velocidad de pérdida, uso del piloto automático, entre otras limitaciones.

- Las aeronaves turbohélice son más propensas al vuelo en formación de hielo debido a que su rango de altitud de crucero suele estar próximo a los niveles atmosféricos donde se presenta con mayor probabilidad el fenómeno de engelamiento. Las aeronaves de mayor porte y con propulsión a reacción atraviesan esas capas atmosféricas y se ubican en niveles superiores donde este fenómeno no se da.

5.4.1 Pérdida de control en vuelo debido a formación de hielo: accidente del Saab 340 LV-CEJ

El 18 de mayo de 2011, el Saab SF340 matrícula LV-CEJ de la Empresa Sol Líneas Aéreas se encontraban realizando un vuelo comercial regular de pasajeros (OSL 5428) que unía Neuquén con Comodoro Rivadavia, ambas ciudades ubicadas en la Rep. Argentina. Sin haber alcanzado el nivel de crucero deseado, la aeronave se precipitó al terreno y perdieron la vida las 22 personas a bordo.

El informe oficial de la Junta de Investigaciones de Accidentes de Aviación Civil (JIAAC) de la Rep. Argentina expresa lo siguiente:

"Posterior al despegue, la aeronave comenzó el ascenso por la AWY T 105, para alcanzar el FL 190 según el plan de vuelo. Tras volar 24 minutos, el piloto niveló la aeronave con 17800 ft, con este nivel voló aproximadamente 9 minutos. Por las condiciones meteorológicas de engelamiento encontradas a esta altitud, la tripulación técnica inició el descenso para el nivel de vuelo FL 140. El cambio de nivel a FL 140 tomó 5 minutos, durante esta fase de vuelo las condiciones de formación de hielo se incrementaron de modo progresivo.

Una vez nivelado con FL 140, las condiciones de formación de hielo eran severas. La aeronave voló aproximadamente 2 minutos en actitud de vuelo recto y nivelado, incrementándose la acumulación de hielo en la misma. A continuación, el avión entró en pérdida de sustentación total, lo que produjo la pérdida de control, por lo que evolucionó hacia una actitud de vuelo anormal, se precipitó a tierra e impactó contra el terreno, con posterior incendio. Todos los ocupantes de la aeronave fallecieron y la misma resultó destruida."

Infografía del diario La Voz del Interior (Córdoba) en base a información del informe oficial de la JIAAC.

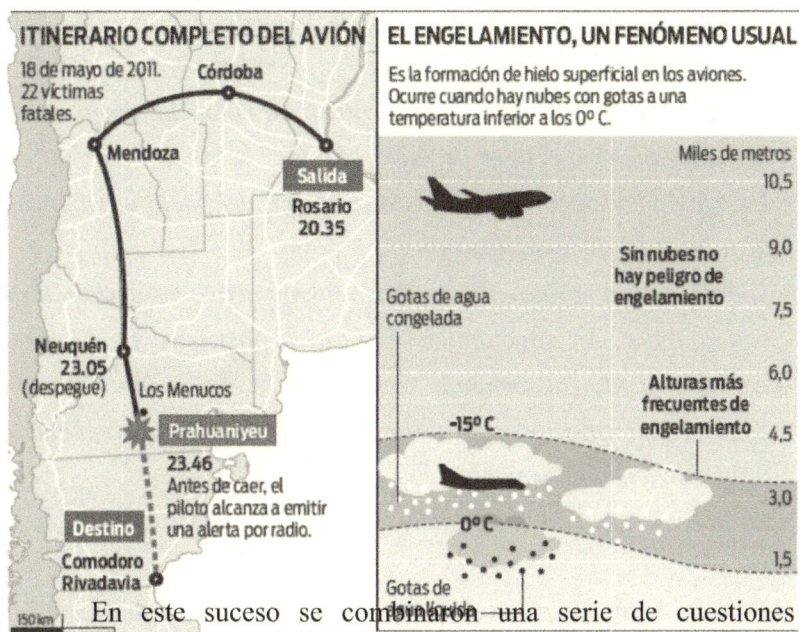

En este suceso se combinaron una serie de cuestiones organizacionales que dieron como resultado la pérdida de 22 vidas. Una condición de despacho ambiguo a la salida en Neuquén, carencia de información para la toma de decisiones a bordo, inadecuada gestión de la automatización de cabina, falencias en la capacitación inicial y recurrente en operaciones en clima frío y condiciones de formación de hielo severas fueron alguno de los aspectos críticos presentes en este accidente.

Las conclusiones del informe oficial de la JIAAC expresaron lo siguiente (se transcriben las más significativas vinculadas con el tema sujeto de análisis del presente libro):

• *La aeronave nunca alcanzó el nivel de vuelo deseado de FL 190.*

- *La tripulación no utilizó la potencia remanente disponible para intentar alcanzar ese nivel de vuelo.*
- *No se registraron cambios significativos de potencia, luego que la aeronave alcanzó el nivel de vuelo 140.*
- *La tripulación reconoció en todo momento del vuelo el fenómeno de formación de hielo.*
- *Los sistemas de protección antihielo fueron activados al detectarse condiciones de engelamiento. Los dispositivos funcionaron adecuadamente, de acuerdo con los datos de la investigación. Según la información meteorológica al momento del despegue se pronosticaba engelamiento débil.*
- *La aeronave encontró condiciones de engelamiento severo en la ruta.*
- *Durante la mayor parte del vuelo en condiciones de formación de hielo, la velocidad indicada que se registró era inferior a las velocidades recomendadas por el fabricante para ese tipo de condición.*
- *La tripulación no utilizó la potencia máxima disponible para aumentar la velocidad al primer indicio de situación de pérdida.*
- *La aeronave entró en pérdida de sustentación debido a una reducción progresiva y prolongada de la velocidad, en combinación con la formación de hielo, sin que se registraran acciones correctivas efectivas por parte de la tripulación.*
- *Ante la inminencia de la pérdida de sustentación, se activaron adecuadamente los sistemas de alarma (sistema vibratorio de comando de vuelo).*

Causa

Durante un vuelo comercial doméstico de pasajeros, en la fase de crucero, se produjo la pérdida de control de la aeronave e impacto no controlado contra el terreno, por formación severa de hielo, debido a la combinación de los siguientes factores:

- *Ingresar a un área de condiciones de formación de hielo, con una vigilancia inadecuada de las señales de advertencias del medio externo (temperatura, nubosidad, precipitación y acumulación de hielo), e interno (velocidad, ángulo de ataque), lo cual permitió una operación prolongada en condiciones de engelamiento severo.*
- *Pronóstico de engelamiento leve, siendo que las condiciones encontradas correspondían a engelamiento severo, que motivó la falta de percepción del ANEXO 69 peligro meteorológico específico.*
- *Inadecuada evaluación de riesgo, por lo que no se adoptaron las medidas de mitigación tales como briefing adecuado (distribución de tareas en cabina, repaso de la operación de los sistemas anti hielo, limitaciones, uso de la potencia, uso del piloto automático, estrategia de diversión, entre otros).*
- *Condición de estrés creciente que motivó un déficit de atención distributiva debido a una expectativa de contexto operacional no cumplida.*
- *Condiciones de formación de hielo que superaron la eficacia de los sistemas de protección anti hielo, certificadas en la aeronave (FAR 25 Apéndice C).*

- *Uso inadecuado de la velocidad, al mantenerla en valores próximos a la pérdida durante el vuelo en condiciones de formación de hielo.*
- *Uso inadecuado del piloto automático al no seleccionar modo IAS, al volar en condiciones de engelamiento.*
- *Cumplimiento parcializado de los procedimientos establecidos en el Manual de Vuelo y Manual de Operaciones de la aeronave, en cuanto al ingreso a zonas de vuelo de engelamiento de características severas.*
- *Reconocimiento tardío del ingreso de la aeronave a una condición de pérdida de sustentación, al confundir la vibración producida por las hélices contaminadas con hielo con el buffeting que preanuncia la entrada en pérdida de sustentación.*
- *Actuación del Stick Shaker y Perdida de Sustentación a velocidades menores a las previstas para condiciones sin formación de hielo.*
- *Técnica de recuperación inicial de pérdida de sustentación no apropiada a las circunstancias de vuelo, en donde era prioritario disminuir el ángulo de ataque en desmedro de la pérdida de altitud. Comportamiento inusual de los comandos de vuelo de alerones, durante la pérdida de control, probablemente por la acumulación de hielo en la superficie anterior a los mismos, que imposibilitaron la recuperación de la aeronave.*
- *Situación de estrés creciente en la tripulación, que afectó la toma de decisiones operativas.*

Imagen de la zona del accidente en proximidades de Los Menucos, provincia de Río Negro.

Recuperación fallida de la pérdida de control en el caso de OLS5428

Tal como se desprende del informe oficial, la tripulación no pudo recuperar la condición de pérdida de control. Haber continuado el vuelo en condiciones de engelamiento severo produjo una acumulación por encima del nivel de efectividad de los sistemas de prevención. Tal como se explicó en los párrafos anteriores, la alteración de las variables aerodinámicas perjudica la maniobrabilidad segura de la aeronave.

En paralelo a ello, hay un factor crítico que también es importante señalar cómo enseñanza de esta catástrofe. La tripulación de este vuelo, al no estar entrenada adecuadamente en vuelo en clima frio, no pudo reconocer las "señales" que le dio el avión previo a la pérdida de sustentación y control. Sumado a ello, una vez que la aeronave adoptó una actitud anormal de vuelo (*"upset"*) tampoco se aplicó una adecuada técnica de recuperación de la maniobra.

De acuerdo con los registros de la investigación y la grabación del registrador de voces de cabina, al momento de perder el control del avión, la tripulación intentó vencer la actuación del *stick pusher*. El *stick pusher* es un dispositivo que ante una actitud anormal y pérdida de control en vuelo ejerce una gran presión sobre lo columna de mandos hacia adelante, lo que genera una actitud de nariz abajo. La actitud que intenta colocar este sistema tiene por objetivo incrementar la velocidad aerodinámica y mejorar las condiciones de respuesta de los mandos. En este caso, la tripulación intentó ejercer una fuerza opuesta con el objetivo de lograr una actitud de ascenso.

La orden *"para atrás"* indica de modo claro la intención de vencer la fuerza del *stick pusher* y recuperar el control con actitud de ascenso. Esta acción empeora la situación de la pérdida de control, ya que la aeronave necesitaba ganar velocidad para poder recuperar el control. Los sucesivos rolidos , con más de 30 grados de banqueo, intentaron ser contrarrestados con movimiento opuesto de alerones, hecho que también empeoró las condiciones de control; de modo independiente a la acumulación de hielo.

De acuerdo a los hallazgos de la investigación, las tripulaciones tampoco tenían un entrenamiento concreto en recuperación de maniobras anormales; por lo tanto, actuaron instintivamente tratando de recuperar actitud, en vez de dejar que la aeronave gane velocidad de con actitud de nariz abajo.

El control de las maniobras anormales extremas, como la que se presentó en el Saab 340 requiere de un alto grado de adiestramiento, donde la razón y conocimientos aprendidos prevalezcan sobre la actitud defensiva del piloto de tirar del comando hacia atrás en una condición de pérdida de control.

En el presente caso y con la condición de engelamiento en que se encontraba la aeronave no puede asegurarse que se pudiera recuperar el control con la acción del *stick pusher* y una maniobra de control adiestrada oportunamente... sin embargo, es una oportunidad de revisión de las técnicas de instrucción para la recuperación de maniobras anormales. En función de ello, la investigación oficial recomendó enfáticamente a las autoridades aeronáuticas y la OACI la revisión de los planes de instrucción para incluir ítems obligatorios de entrenamiento y evaluación (según tipo de aeronave) en cuanto a:

- Reconocimiento de la aproximación a la condición de pérdida de sustentación y el modo de evitarla.
- Reconocimiento y recuperación de una condición de indicación artificial de pérdida de sustentación.
- Reconocimiento y recuperación de una condición de pérdida de sustentación aerodinámica total.

- Prácticas de recuperación de actitudes anormales.

La recomendación a las autoridades también fue complementada con otra recomendación similar los fabricantes de aeronaves, con el objetivo que incluyan en los manuales operacionales (Manuales de Vuelo, Manuales operacionales de entrenamiento, Manual de Operaciones, QRH, etc.) para que describan las características del modo de cumplimiento de certificación de las aeronaves en cuanto a:

- Aproximación a la pérdida de sustentación y modo de evitar la misma.

- Reconocimiento y recuperación de una condición de indicación artificial de pérdida de sustentación.

- Reconocimiento y recuperación de actitudes anormales típicas.

- Uso y comportamiento de los sistemas automáticos de control de vuelo y motor durante condiciones de vuelo anormales.

Capítulo 6

Pérdida de control en vuelo: combinación de factores operacionales

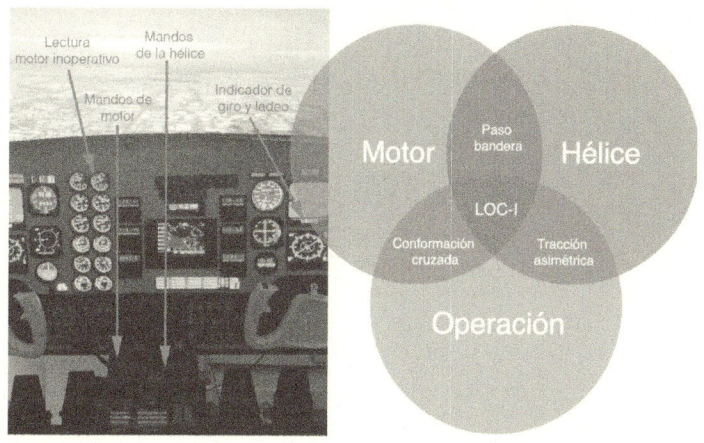

Pérdida de control en vuelo: combinación de factores operacionales

6.1 Introducción

Tal como se ha desarrollado en el presente libro, y en concordancia con los conceptos de seguridad operacional que se exponen a lo largo de toda la colección, los accidentes por pérdida de control en vuelo, suelen estar asociados a la materialización de más de una amenaza en vuelo.

Cuanto mayor es la combinación de la materialización de las amenazas, mayor será el riesgo que se presenta a bordo. Si se analizan los casos de accidentes fatales de pérdida de control, incluso los expuestos en el presente libro, también puede notarse como existe un incremento proporcional de la criticidad de las amenazas, cuanto mayor es el porte de una aeronave.

Esa combinación crítica no es ni más ni menos que lo que *James Reason* representa en su famoso modelo del queso suizo; donde cada feta de queso representa una instancia de defensas que ha sido vulnerada. Para un análisis más detallado, también puede representarse a través de lo expresado en el modelo TEM, donde amenazas y estados indeseados coexisten hasta una instancia de materialización… instancia en la que puede presentarse un accidente. En el esquema que se presenta a continuación, se observa cómo interactúa una combinación de amenazas y estados no deseados, que dan lugar a un desenlace trágico.

Para una mejor comprensión de este tipo de combinación crítica, se analizarán los aspectos principales de un accidente de aviación genera que concluyó con la pérdida de tres vidas y la destrucción completa de una aeronave.

6.2 Caso práctico: accidente del Mitsubishi MU-2 matrícula LV-MCV

El de 24 julio de 2017 la aeronave Mitsubishi MU-2 despegó del Aeropuerto Internacional de San Fernando (SADF), provincia de Buenos Aires, con destino a una pista privada ubicada en Las Lomitas, provincia de Formosa.

El MU-2 despegó a las 17:24 UTC, realizó las comunicaciones en forma normal con la dependencia de Control de Tránsito Aéreo de San Fernando (TWR FDO) y fue transferida con la dependencia de control adyacente de Aeroparque (TWR AER). La tripulación se comunicó en varias oportunidades con este control, quien manifestó no tener detección ni identificación radar de la aeronave con el código transponder asignado de 1645.

En consecuencia, el control solicitó al piloto que efectuara un chequeo del código y posteriormente, a requerimiento del piloto, se cambió el mismo a 1644. Cabe señalar que, tampoco se obtuvo adquisición radar de la aeronave. Por último, se solicitó a la aeronave que se dirija a la posición VANAR con 2000 pies de altitud para luego volver a SADF. Esta fue la última indicación colacionada, registrada a las 17:30 horas aproximadamente.

Al perderse las comunicaciones, se activaron los servicios de búsqueda y salvamento (SAR), que dada la complejidad de la zona donde se accidentó la aeronave; la identificación y recuperación comenzó el 19 de agosto. La aeronave se accidentó en una isla de terreno pantanoso ubicada en la confluencia de los Ríos Paraná Guazú y Barca Grande, en la provincia de Entre Ríos.

Entre los hallazgos de la investigación se pudo observar que la aeronave, durante el escaso tiempo que estuvo en vuelo, realizó un patrón con excedencias en la velocidad máxima para esa fase de vuelo (límite de 250 CAS). Con respecto a la altitud, cabe señalar que nunca se concretó el ascenso, debido a las novedades en el avión y a la indicación del control de tránsito aéreo de retornar a FDO por la intermitencia de transponder.

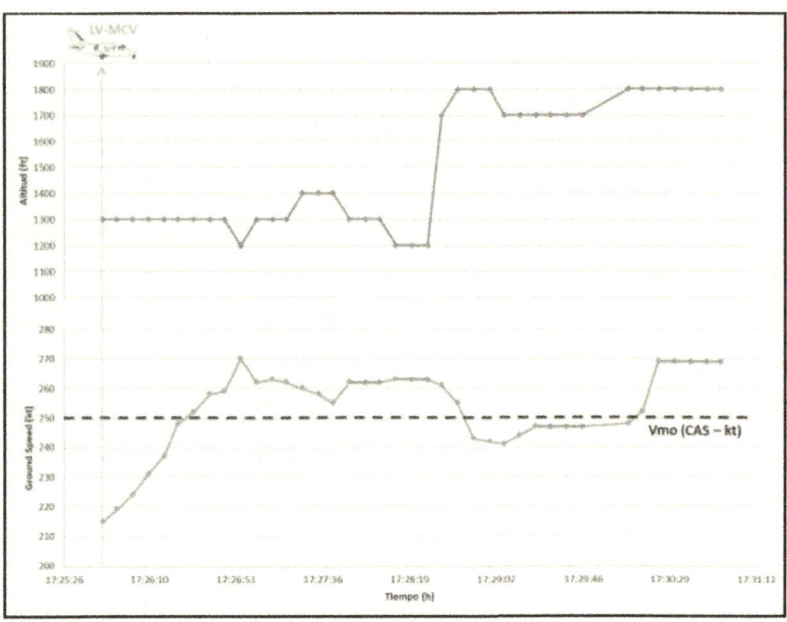

Perfil de velocidad y altitud de vuelo del LV-MCV

Con respecto a la trayectoria de la aeronave, de acuerdo con la información radar obtenida, se determinó el derrotero del vuelo; hasta una zona al punto de impacto con el terreno.

Veamos la trayectoria de la aeronave accidentada en una representación hasta su ultimo contacto desde la aplicación de Google Maps:

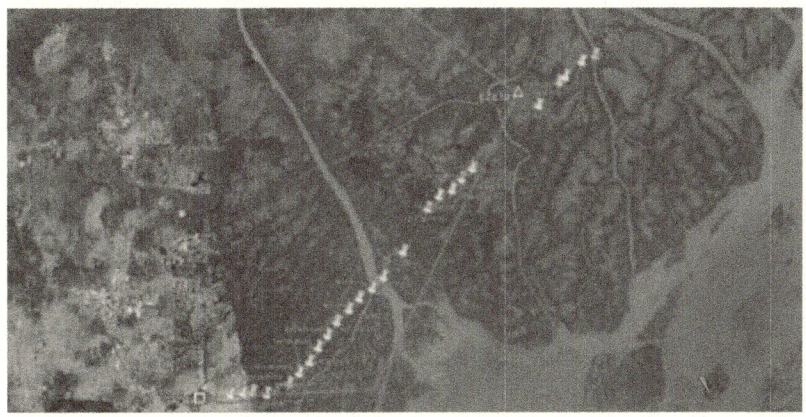

En la investigación también se incluyeron datos relacionados con estudios en los que consta que la flota de Mitsubishi MU-2B tiene un historial singular de accidentes a nivel mundial. En total, desde el año 1968 hasta julio del año 2017 (sin incluir al LV-MCV), se conocen 200 sucesos en los que este tipo de aeronave se vio involucrada en un accidente. Esto se traduce en un promedio de 4,2 accidentes por año. Un análisis en profundidad permitió determinar que las causas atribuidas son de diversa índole, aunque aproximadamente en el 28% de los casos existió una pérdida de control en vuelo de la aeronave.

En el 2008, la FAA emitió nuevas reglas de capacitación destinadas específicamente a los pilotos de MU-2. Tras una serie de accidentes, sumada a una revisión de ciertos aspectos sobre la certificación de la aeronave, la FAA publicó en el año 2008 la *Special Federal Aviation Regulation* (SFAR) 108. Esta establecía como mandatorio un entrenamiento específico de los pilotos para volar este tipo de aeronaves, además de fijar requerimientos en cuanto a experiencia de vuelo. Tanto el entrenamiento de vuelo como los requisitos de experiencia de la SFAR 108 estaban basados en una evaluación de la aeronave realizada por la FAA. En los 20 años previos a esta regulación, las aeronaves de la familia MU-2B experimentaron 80 accidentes en los Estados Unidos, con un total de 40 fallecidos. Con posterioridad a la implementación de la SFAR 108, sólo hubo dos accidentes fatales. Es decir, la implementación de la defensa de capacitación fue muy efectiva en la seguridad de los MU-2.

Con respecto a la operación propiamente dicha de la aeronave, es importante destacar los siguientes hallazgos de la investigación, de mucha utilidad en el desarrollo del presente libro (para una comprensión pormenorizada del caso se recomienda la lectura del informe completo, disponible de modo público y gratuito en el sitio web del organismo de investigación).

- La aeronave se encontraba al mando de un piloto que recientemente se había habilitado para el tipo de aeronave.
- En la Argentina, no existe obligatoriedad de cumplimiento de la SFAR 108.

- La complejidad de operación de la aeronave se combinó con una falla aleatoria en la indicación y transferencia de datos del transpondedor de a bordo.
- Junto con la falla intermitente a bordo, el control de tránsito aéreo le indicó al piloto retornar al aeródromo de partida.
- El vuelo transcurrió a no más de 2000 pies de altura y en condiciones de velocidad máxima de la aeronave (con picos de exceso de velocidad).
- La aeronave no estaba equipada con sistema TAWS que podría haber alertado al piloto sobre la condición de vuelo y la proximidad al terreno.
- El piloto pudo haber estado influido por una momentánea confusión y pérdida de las referencias, que junto con la alta velocidad y la baja altitud se combinaron en una pérdida de control trágica.

Tal como puede verse en este accidente, las amenazas y estados indeseados se combinaron de modo crítico, al igual que fueron representadas de modo teórico en el gráfico de la figura

Las conclusiones del informe de la Junta de Investigación de Accidentes de Aviación Civil expresan que:

"En un vuelo de aviación general privado, durante la fase de ascenso, la aeronave experimentó una condición de pérdida de control en vuelo (LOC-I) como resultado de la cual impactó contra el terreno. Aun cuando la evidencia obtenida por la investigación no lo permita afirmar de manera asertiva, las circunstancias y

condiciones presentes en el accidente sugieren una situación de elevada carga de trabajo en la cabina de vuelo debido a las condiciones operativas prevalecientes, con potencial de ocasionar la pérdida de control en vuelo. Dicha situación es atribuible a la combinación de los siguientes factores:

- *Las características particulares de la aeronave.*
- *La atención requerida por el transponder al no ser visualizado por el control de tránsito aéreo.*
- *El desvío del vuelo planificado a requerimiento de la dependencia de control de tránsito aéreo.*
- *La gestión de la trayectoria de la aeronave con piloto automático desconectado.*
- *La limitada experiencia del piloto en condiciones de vuelo instrumentales. Asimismo, la ausencia de una instrucción adicional en el tipo de aeronave (debido a la falta de normativa específica) puede considerarse un factor contribuyente, según el escenario probable descripto anteriormente.*

Además, la investigación identificó los siguientes elementos con potencial impacto en la seguridad operacional:

- *Ausencia en la aeronave del sistema TAWS en disconformidad con lo establecido por la RAAC 91.*
- *Ausencia de medios efectivos que le permitan a la oficina de plan de vuelo determinar rápidamente si una aeronave posee restricciones de operación.*

- *Deficiencias en la capacitación del personal perteneciente a las dependencias ATS y SAR en materia de búsqueda y salvamento."*

6.3   La gestión de la operación de aeronaves bimotores

El vuelo es el resultado de una combinación exitosa de elementos de una muy alta criticidad. Para llegar a su concreción, la cultura de la seguridad, es el factor primordial que debe estar presente desde la primera hora de instrucción hasta el último vuelo que realice un piloto. Parte de la cultura de la seguridad es poder evaluar adecuadamente la gestión necesaria en la cabina de vuelo... para ello, existen una variedad de recursos para la formación y práctica que colaboran en mantener el riesgo en un nivel aceptable; una de las defensas mas conocidas es el CRM. Se encuentran disponibles otros tomos de la colección HDIW, donde se detallan los criterios y gestión CRM.

Sin entrar en detalles, pero es sabido que el CRM habitualmente se lo vincula con las operaciones de línea aérea o de aeronaves de gran porte; sin embargo, es una herramienta de muchísima utilidad en cualquier tipo de aeronave donde exista una tripulación mixta, o de dos pilotos o más.

Ahora bien, si se vincula el concepto de CRM y gestión de cabina a los casos de pérdida de control en vuelo, pueden mencionarse una serie de factores de gran importancia en lo que hace al control, conciencia situacional, mecánica de vuelo, supervisión, planificación, resolución de emergencias, entre otros factores. A continuación, se puede ver de modo gráfico las variables más críticas a través de un sencillo ejemplo interpretado en un modelo *fishbone*.

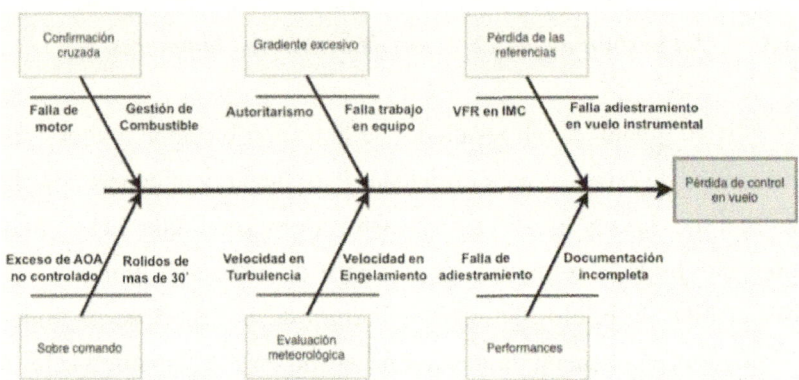

Tal como se aprecia en el gráfico anterior, existen variables operacionales que, quizás de modo individual puedan contenerse a través de las defensas habituales, pero cuando se combinan comienzan a tomar más criticidad.

Quizás uno de los ejemplos clásicos que pueda mencionarse en el vuelo de una aeronave bimotor, es el trabajo de confirmación cruzada ante una emergencia de motor. Cuando falla un motor en vuelo y es necesario que la tripulación lo detenga, existe un procedimiento específico para llevar a cabo la resolución de esa emergencia. La conclusión de ese procedimiento es muy sencilla:

- Si la tripulación ejecuta adecuadamente el procedimiento, la aeronave continuará volando con el motor operativo, hasta realizar un aterrizaje por precaución o de emergencia; pero de modo controlado y seguro.

- Si la tripulación no ejecuta adecuadamente el procedimiento, instantáneamente la aeronave se quedará sin potencia (o empuje), transformándose la emergencia de una de motor a una potencial pérdida de control de la aeronave en vuelo.

Durante la etapa de formación inicial para aeronaves de multimotores, la primera consideración a desarrollar por parte del instructor es el trabajo en equipo y la mención de la importancia del apego a los procedimientos con el fin de evitar una perdida de control en vuelo. En aeronaves de estas características, el vuelo se encuentra más expuesto a la perdida de control, ya sea por fallas mecánicas o error de pilotaje durante maniobras críticas. Una coordinación del trabajo adecuada en cabina es la base para la prevención de la perdida de control en vuelo.

El ejemplo que se mencionó anteriormente donde se produjo una falla de motor, es la situación típica en la que la tripulación podría enfrentarse a una pérdida de control. En primera instancia por la asimetría de potencias resultante de la falta de empuje de uno de los motores, y en segunda instancia por una inadecuada gestión de la falla. Las consideraciones teóricas sobre esta temática y previas al inicio de la instrucción en vuelo, resultan de suma importancia para que el piloto posea las herramientas necesarias ante una situación indeseada de pérdida de control en vuelo. Si bien, es sabido que el ser humano no puede predecir como actuará ante situaciones anormales y apenas a su ritmo cotidiano, es posible capacitarse y adiestrarse con el objetivo de minimizar el riesgo de llevar a cabo un procedimiento de forma errónea que pueda agravar la situación. Se debe tener en cuenta que una situación de pérdida de control en vuelo no es una situación normal en el programa de instrucción y que su práctica depende del nivel de experiencia, tanto del instructor como de los pilotos en instrucción.

Las prácticas de pérdida de control en vuelo en aeronaves complejas deben iniciarse luego de un adecuado briefing pre vuelo donde se abarcan temas relacionados a la aerodinámica del vuelo, maniobras anormales y factores humanos como el desenvolvimiento del equipo y distribución de tareas ante situaciones anormales.

6.3.1 *Confirmación cruzada y motor operativo*

La gestión del vuelo con un solo motor operativo es uno de los desafíos críticos tanto del CRM como del propio avión, sus performances, la planificación previa, el adiestramiento y demás variables que se mostrarán a continuación.

Como primera consideración es importante conocer los requerimientos de certificación para el vuelo con un solo motor. Se toma como referencia una aeronave bimotor mediana con propósitos para la aviación general... los ejemplos clásicos de este tipo de avión son el Piper PA-34 Seneca, Beecraft B55 Baron, Ceesna 310, Tecnam P2006T, Piper PA-23 Azteca, entre tantos otros.

La norma de certificación es la FAR 23 y su análoga en Europa la CS-23. Ambas normas poseen los mismos requerimientos, por ejemplo, en cuanto a las condiciones de ascenso con un solo motor operativo, veamos...

De acuerdo con la subsección FAR 23.51, la velocidad de rotación (Vr) de una aeronave multimotor terrestre de categoría normal no debe ser menor de 1.05 veces la velocidad de mínimo control (Vmc), o 1.10 veces la velocidad de pérdida de sustentación (Vs). De acuerdo con la subsección FAR 23.67, se debe demostrar que una aeronave de categoría normal de 6000 libras o menos de peso máximo de despegue puede ascender con un motor inoperativo manteniendo un gradiente de ascenso de 1.5% en las siguientes condiciones:
- El motor crítico inoperativo con su hélice en la posición de máxima resistencia
- El motor operativo restante, a no más de la potencia máxima continua permisible
- Tren de aterrizaje retraído
- Flaps retraídos
- Velocidad de ascenso no menor de 1.2 veces la velocidad de pérdida

La subsección FAR 23.149 define como velocidad de mínimo control, o Vmc, a aquella velocidad para la cual, cuando el motor crítico de la aeronave repentinamente queda inoperativo, es posible mantener el control de la aeronave en vuelo recto con la misma velocidad y con un ángulo de alabeo de no más de 5°. Durante el proceso de certificación, el método a utilizar para simular la falla del motor crítico debe representar el modo de falla más crítico que se pueda esperar en servicio con respecto al control de la aeronave.

La subsección FAR 23.149 (d) estipula además que debe ser establecida y designada como Vsse a la mínima velocidad para realizar una detención intencional segura del motor crítico de la aeronave. El motor crítico de una aeronave bimotor es aquel cuya falla produce el efecto más adverso en el control direccional de la aeronave. Para el caso de una aeronave propulsada con hélices que giran en sentido horario, el motor crítico es el izquierdo.

Esto se produce debido a que en cada motor, la pala que desciende produce más empuje que la que asciende (efecto "P"). Por ende, la pala del motor derecho que desciende, al estar más alejada del centro de gravedad de la aeronave que la pala que desciende del motor izquierdo, produce mayor momento.

Para el caso en el que una aeronave bimotor experimente un motor inoperativo en el despegue, la mejor performance se logrará manteniendo la Velocidad mínima con un motor inoperativo, con la máxima potencia disponible en el motor operativo y con la actitud y configuración de mínima resistencia.

Con respecto al procedimiento de control de la aeronave en esas condiciones, la ejecución de la acción de conformación cruzada es vital; para mantener controlado el motor que entrega potencia y confirmar la detención del motor que presentó la falla. Para ello, si bien deberá referirse al manual específico de cada aeronave, el control sobre las palancas de mando y la supervisión de los instrumentos de motor, son herramientas y acciones fundamentales.

La comprobación de los valores de cada uno de los parámetros, en la imagen se observa el panel del simulador de vuelo de un Beechcraft 350, donde se simuló la detención de uno de sus motores en vuelo y se observan los valores nulos del motor inoperativo, es la acción que deberá acompañar el accionamiento de la palanca de potencia de motor y la confirmación de la hélice en paso bandera, para reducir al máximo su resistencia aerodinámica y minimizar el par de fuerzas que se presenta en el avión.

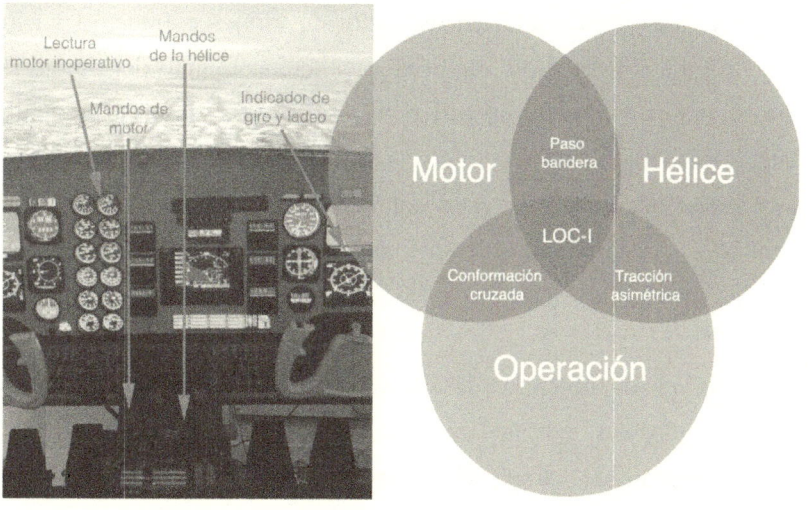

Elementos críticos a verificar y operar en caso de detención súbita de motor en vuelo.

Controlar la estabilidad longitudinal es uno de los objetivos claves del vuelo en esta condición. Para ello es esencial minimizar el derrape. Cuando la aeronave tiene ambos motores operativos, el derrape es eliminado manteniendo centrada la bolita del indicador de giro ladeo (más conocido como "palo y bolita"). Cuando falla un motor, el empuje asimétrico exigirá establecer una actitud de la aeronave con un ángulo alabeo y posición de la bolita del indicador de viraje determinadas.

No hay ningún instrumento que pueda indicar al piloto la actitud de no derrape en estas condiciones, por lo que se debe adoptar una actitud aproximada al "cero derrape" utilizando técnicas que requieren para ello el accionamiento combinado y coordinado de timón de dirección (para controlar la "guiñada") y alerones. Con las alas niveladas y la bolita del indicador de viraje centrada, el vuelo con un motor inoperativo requiere gran accionamiento del timón de dirección hacia el motor operativo; el resultado será un deslizamiento lateral moderado hacia el motor inoperativo y el rendimiento del ascenso se degradará. En estas condiciones la velocidad de mínimo control V_{mc} resultará considerablemente mayor que la publicada en el manual de vuelo de la aeronave.

Con el objetivo de afianzar mejor estos conceptos, a continuación, se expone un caso real donde la ejecución de procedimientos de cabina en un vuelo de instrucción de aeronave bimotor, resultó con consecuencias trágicas.

6.4 Caso práctico: accidente de un Beechcraft B55 durante un vuelo de habilitación

Un 15 de septiembre de 2014, un instructor y un piloto se encontraban realizando un vuelo de instrucción y habilitación para la operación de aeronaves multimotores terrestres de hasta 5700 kg. La operación se llevó a cabo en el aeródromo de General Villegas, provincia de Buenos Aires.

La aeronave utilizada fue un Beecraft B-55, que según consta en el informe oficial (ref. informe JIAAC 347/2014) se encontraba en condiciones de aeronavegabilidad y no había presentado fallas técnicas durante el vuelo que devino en accidente.

Según los hallazgos de la investigación, la aeronave había aterrizado por cabecera 31, con el motor derecho detenido y su hélice en bandera; como parte de la instrucción y posterior habilitación. A continuación, se llevó a cabo un intento de despegue, en la misma configuración.

Durante el ascenso inicial, cuando la aeronave se encontraba próxima a la cabecera opuesta, se produjo la pérdida de control; el B55 perdió altura e impactó contra el terreno en un campo próximo al aeródromo. A consecuencia de ello, la aeronave resultó destruida, el instructor fallecido y el piloto con heridas graves.

Imagen posterior al accidente (fotografía Diario Democracia).

Como primer hallazgo crítico de la investigación fue haber hallado el motor derecho del avión, separado de los restos principales y con signos de detención, además de encontrarse la hélice en posición bandera o de mínima resistencia aerodinámica.

De acuerdo con lo expresado por testigos del suceso se pudo confirmar que la velocidad de la aeronave era muy baja. Según lo estipulado por el AFM del avión, las velocidades de operación establecidas por el fabricante con un solo motor operativo son:

- Velocidad mínima de control con un motor operativo: 84 kt
- Velocidad de aproximación: 88 kt
- Velocidad mínima de control direccional, luego de una detención repentina de uno de los motores: 80 kt

Del mismo modo, el Manual de Vuelo del avión, en la sección "emergencias" expresa:

Falla de un motor después del despegue

- Un aterrizaje inmediato es recomendable independientemente del peso al despegue.

- La continuidad del vuelo no se puede asegurar, si se exceden los pesos de despegue.

- Con el MTOW excedido puede presentarse pérdida de altura durante la retracción del tren y puesta en bandera de la hélice.

Detención voluntaria de un motor

- La velocidad de mínimo control con un motor detenido está especificada por el fabricante del avión y es la velocidad mínima a la que se puede realizar la detención intencional de motor.
- El uso de la velocidad de seguridad con un motor detenido (V_{sse}) tiene por objeto reducir la pérdida no intencional de control después del corte del motor en o próximo a la velocidad mínima de control en el aire (V_{mca}).
- Demostraciones de la V_{mca} son necesarias en entrenamiento, pero sólo deben realizarse a altitud de seguridad por encima del terreno y cuando la reducción de la potencia de un motor sea realizada en o a más de V_{sse}.

Falla de motor en el despegue

- Si falla un motor antes de alcanzar la velocidad de despegue o por debajo V_{mca}, la única acción apropiada es interrumpir el despegue.
- Si el motor falla después del despegue con el tren de aterrizaje abajo, el despegue debe ser abortado en la pista restante, si es todavía posible.
- Si está en situación de no poder ascender, es mejor reducir la potencia del motor operativo y aterrizar al frente, antes de forzar un ascenso y perder el control de la aeronave.

El análisis del accidente versó en cinco ejes organizacionales que coexistieron en el suceso y se combinaron para dar el trágico resultado que ya se mencionó. El análisis ahondó en:

- Condición técnica de la aeronave y su planta de poder
- Técnica de control en vuelo
- Performance de la aeronave para mantener el vuelo con uno de sus motores operativos.
- Circunstancias en las que se detuvo el motor derecho y acciones ejecutadas por la tripulación.
- Aspectos relacionados con la instrucción

De eso cinco ejes temáticos, el informe oficial del organismo de investigación de la Argentina concluyó que:

"Durante un vuelo de instrucción, en el que el piloto alumno se estaba adiestrando para la transición de aviones monomotor a aviones multimotor, la aeronave intentó despegar con el motor derecho detenido. Esto llevó a una situación de pérdida de control en vuelo (LOC-I) de la aeronave que, debido a la escasa altura sobre el terreno, resultó imposible recuperar. La aeronave impactó contra el terreno y fue destruida por el posterior incendio. La combinación de los siguientes factores contribuyó al desenlace del accidente:

- *El intento de operación de la aeronave en una condición no contemplada por las condiciones de certificación de la aeronave, para cuya ejecución no existe información ni guía en el manual de vuelo del fabricante.*

- *La ausencia de una reunión previa al vuelo para establecer los objetivos del vuelo, las maniobras a realizar, las acciones esperadas por parte de cada piloto, los estándares a cumplir y el rol de cada piloto en las situaciones previsibles que se pudiesen presentar durante el transcurso del vuelo.*

- *El uso de los controles de vuelo de la aeronave de manera inconsistente con la condición de vuelo asimétrico.*

- *Probable reducción de los márgenes de seguridad operacional en la ejecución del vuelo de instrucción bajo la modalidad de instrucción particular prevista en la norma RAAC 61.172, apartado b."*

Enseñanzas

Tal como se desprende del informe oficial de investigación la pérdida de control del B55 combina una exigencia de la aeronave para operar por encima de sus performances de diseño, inducida por un contexto operacional donde no se llevó a cabo una adecuada evaluación de los riesgos.

Es fácil "criticar" y opinar de un suceso con la resolución del mismo y el sesgo de retrospección; sin embargo, para la tripulación que estuvo presente en ese momento de preparación y ejecución, es evidente que las cosas no estuvieron tan claras como se ven a la distancia.

Como se ha mencionado en varios pasajes de la colección HDIW, ningún piloto embarca en una aeronave con la intención de realizar un vuelo inseguro, temerario o que ponga en riesgo su vida y la de terceros. Sin embargo, no puede desconocerse que las falencias en la instrucción, en el adiestramiento de cuestiones esenciales y sobre todo, en la gestión de la seguridad; afectan de modo directo en el desempeño operacional final, que como en este caso, deviene en accidente.

En este caso, la pérdida de control de la aeronave, literalmente sorprendió a los pilotos, no por el hecho de desconocer la detención del motor, sino por intentar obtener una performance de la aeronave, más allá del rendimiento de diseño.

Publicar tu libro y vivir de regalías, **HOY** es posible!

Un libro que te ayudará a publicar tu obra en versión impresa, digital y audio a nivel mundial. Cobra en dólares y comienza tu negocio!

¿Tenes tu obra pero no el tiempo para publicarla?
Lo hacemos por vos y las regalías serán 100% tuyas por siempre!

publicoHOY.com

**¿Demasiada lectura?
¡Escucha un buen libro!**

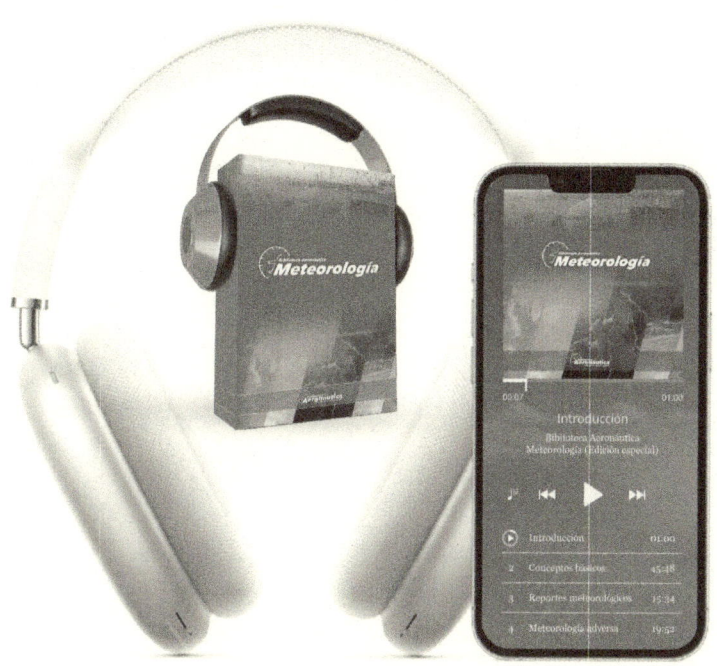

Audiolibros
Biblioteca Aeronáutica

BAeronautica.com

Made in United States
Orlando, FL
03 January 2023